論語

目次

第二章 《論語》所討論的題材

第三章　《論語》有關「德」的正確解釋

第四章　《論語》的教化思想

第五章 如何閱讀《論語》等經典

終章 不要再迷《論語》了

自序

「中國人是全世界最聰明的民族」。

有這種看法的中國人不少，已故的柏楊先生也是其中之一。國民黨政府直到九〇年代才解除我的返國禁令，回到闊別二十九年的故土，我特地前去拜訪柏老，與他探討並交換彼此對中國文化特質的看法。柏老曾因「大力水手漫畫事件」被判死刑，在獄中被整得死去活來，家庭破碎的慘狀，人盡皆知。

作爲初次晤面的開場白，我向他說：「您是從地獄回來的人，已是天不怕、地不怕」。看到擁有道德良知的柏老，讓我想起十九世紀末在中國傳教三十年的美國傳教士亞瑟·史密斯，他不但發現中國人的本質，更特別的是，他在中華大地上竟然找不到「良心」；而我耗費數十年的歲月，從印度佛教到古希臘哲學，甚至透過尼采哲學才獲得結論，原來中國人的「良心」是被儒家道德給剝奪了。

那次見面，本來不想同柏老產生思想上或見解上的對立，可是談到「中國人是全世界最聰明的民族」，我的看法完全相反。我認爲「中國人都是愚民」，從國家元首到大學者都不例外。

爲什麼「中國人都是愚民」？理由是根據中國語言和文字體系的結構而來。只要中國人一直使用漢語和漢字，就無法遠離原始野蠻的狀態。這是透過漢文化、文明與語言、文字等比較文明論的研究獲得的結論，因爲漢文在認識或記錄的運作上是不完整的表意文字體系。

歐亞大陸到了十世紀以後，大約是唐末，日本創造出假名的標音文字，以及漢字、假名混用的文字文章體系，才確立了視覺、聽覺融合的三次元文明體系。以具體實例來看，比較容易了解的是，漢字漢文體系一直無法解決一字多義、一字多音的問題，以諸橋轍次的《漢和大辭典》來看，光是最單純的「一」就有二十種以上的註解，這是很曖昧的文字文章體系；再如現行《中華人民共和國憲法》，就有七〇%是採用近代的和製新漢語（中國稱為「新語」或「新辭」），顯示傳統的中國文字已不符合時代需求。

而且，如果單用漢語表意文字來當做認識或傳達的媒介，中國人的知識或智慧就無法脫離獨斷或偏見，所以中國人到現在還未能離開原始的野蠻狀態。關於文字和文明的關係，筆者有兩部尚未譯爲漢文的專著（《中華思想隱藏在漢字文明裡的咒縛》（集英社）2001、《日本語與漢字文明》（WAC）2008），我在書裡有非常詳盡的分析。

一生以漢字做爲書寫工具的魯迅，他的看法比筆者的分析更爲單刀直入。魯迅臨終的遺言是「漢字不滅，中國必亡」，他斷言如果中國人繼續使用漢字，「絕對不會聰明」。

筆者對漢字文明的看法，雖然接近魯迅，但以筆者超過半世紀從事漢和文字兩棲筆耕的心得，我認爲直到十世紀以後，日本新創漢和混用的文章系統，漢字文明才確立了完整的認識體系。

六〇年代筆者曾參加過思想哲學的研究會，每月傾聽專家的研究報告。從思想、哲學理論進行比較後發現，古代中國的孔孟儒學、老莊道學和自成一家的諸子百家，無論如何爭鳴或百花齊放，思想水平都只停留在「目的方法論」的層次。空海大師的《十住心論》對儒家和老莊思想的評價更低，認爲僅是離開動物階段而已。中國到了宋代受佛教哲學影響，理氣之學開始抬頭，新儒學朱子學和陽明學集其大成。朱王之學雖然開始離開主觀，有客觀認識的眼界，但卻自圓其說，將屠殺夷狄稱爲「天誅」。至於改革開放後的「孔子學院」，則變成剝奪學術自由的諜報中心。

中國文人向來喜歡自誇「半部論語治天下」。《論語》一書雖然是「孔子語錄」，可是成書是在漢朝，距春秋數百年才匯集成冊，且經後人加油添醋，七拼八湊，早已面目全非。由此可見，《論語》不但語無倫次，而且時代錯置，可說是千百年來中國食古不化的禍根。

《孫子兵法》等「兵法七經」可說是古代中國「目的方法論」的代表。然而，《孫子兵法》到底在說什麼？就有「十家注」之多。《論語》更多，百家注、千家注以外，還有「正義」和「注疏」，大學者各說各話。光是「仁」字，教主在《論語》裡講了上百次，徒子徒孫無不莫明其妙。道學者爭論二千年以上，得到的結論也僅止於「見仁見智」，更是莫明其妙！中國人到底在搞什麼鬼？

《論語》在台灣的教育上有「老王賣瓜」之風，可是在世界水平上，評價不高。以下僅指出兩個例子，就可以獲得清楚的印證。

首先，德國知名哲人馬克斯．韋伯評論《論語》內容有如美國印地安老酋長向部落子弟倚老賣老，毫無價值。再如，曾經英譯《四書五經》、西方最出名的中國通詹姆斯．雷格博士也指出，如果遵循儒學主張，將會回歸到原始的野蠻狀態。

印度佛教在二千多年前經西域傳入中國後，在歐亞大陸一時擴散成大佛教文明圈。可是中國的諸子百家，從來沒有一家曾經進入印度世界或回教世界。理由何在？這是因爲，中國人大約在三千年前的周初就開始世俗化，只追求實利，沒有精神文化，所以連諸子百家都是「無魂有體，親像稻草人」。

以《論語》爲核心的《四書五經》，除了強迫後人必須死記以外，根本欠缺魅力，僅剩「書中自有黃金屋」的利誘。文人學者所扮演的角色，到頭來還是誤國誤民。台灣的中華傳統教育非常荒謬，媒體人更是荼毒萬民，「鎖進中國」並不僅止於政治、經濟，教育、文化方面更不容忽視。

直到十九世紀，中國民眾才開始覺醒中國傳統的文化禍根是儒教。華北數萬捻軍攻入山東，占領曲阜，挖掘孔家歷代陵墓，搗毀孔廟，殺害孔家子孫；太平天國毀教焚經，五四打倒孔家店，文革批林批孔。中國一路喊打喊殺，不管發生什麼大事，還是不忍放棄愚民的經典。數千年來，中國道學者奉爲至寶的《論語》無論荒腔走板到什麼程度，還是少有人從事體系性的分析。

現代人有現代人的價值觀、人生觀或世界觀，大可不必死守「今不如古」的陳腔濫調。到底要如何領會《論語》？希望讀者能以現代人或世界人的眼光來理解「孔教語錄」的實質內容，才不會陷入儒教設定的魔障。而且，如果不想當愚民，勸君多讀本書。

二〇一六年八月　作者識

【序章】

認識《論語》

一、從舉國人民讀誦《論語》的社會看清《論語》真相

日本明治維新之後，讀《論語》的知識份子比江戶時代少得多，特別是第二次世界大戰後更加稀少。另一方面，和日本維新同時代的清朝，也爆發追求「洋化」（西洋化）或維護「國風」（傳統文化思想）的論戰。

至少到一九〇五年廢除科舉制度爲止，清朝知識份子的思想主張可說有兩大派，一派是皓首窮經、終生背誦《論語》等《四書五經》及其注疏，希望藉此「登龍門」、取得科舉功名的文人；另一派是太平天國等斷然禁除儒學的叛亂集團所建立的政治勢力範圍。

進入二十世紀，中國「支持」與「反對」儒學的二分化現象從未斷絕，雙方的對抗，可說從帝國、民國到人民共和國時代綿延不絕。另外，日本人與中國人對《論語》的理解與看法有的類似，有的完全不同。事實上，日本學者乃至於知識份子、文化人，對《論語》等中國思想主張經常出現誤解甚至曲解，也有很多人不清楚中國倫理與歷史

社會的關係。以下是我的幾點淺見：

①有人認爲，就是因爲今天讀《論語》的人變少，所以日本道德頹廢、犯罪激增，但這種主張毫無根據。我認爲事實剛好相反，中國以儒教爲國教超過二千年，即使中國人這麼長時期大量閱讀《論語》、《四書五經》，推廣「三德」、「四維」、「五倫」等教化，結果還不是變成堪稱全球「最無道德感」的國家？

②包括《論語》在內的中國《四書五經》，到處都是「仁義」與「道德」等訓示與主張。深入探究後發現，中國古代典籍的眾多道德宣示，都不是那個時代中國的「實況」，而是相反的情形，正因爲「沒有」，所以需要大力鼓吹。換言之，《四書五經》所寫的都是「當爲」，不料江戶儒學者卻誤以爲中國古典著作是當時中國社會的眞實描繪，從而產生錯覺，以爲中國是「仁義之國」、「道德之國」、「聖人之國」。換言之，其實很多中國人都有一種習慣，那就是「社會上不存在的東西，只好在書本裡大肆宣稱」。

③西洋頂尖哲學家黑格爾與馬克斯．韋伯都指出，儒教道德價值不高，給予很

低的評價。中國人道德如此低落的原因，很多人從文化與社會層面尋找各種說明，但我想最根本的癥結是，中國人因為信奉儒教，結果反而喪失了「良心」。

④日本近代化功臣之一澀澤榮一（一八四〇～一九三一）寫了一本《論語與算盤》。第二世界大戰後也有一些日本學者撰寫《論語經濟學》，或者模仿韋伯的《基督新教倫理與資本主義精神》，說「儒教精神」是中國近代化的主要動因。但事實上，儒教掌控中國人的腦袋二千年，根本不曾重視商人，「反商」其實正是儒教的核心教條。

雖然《論語》等《四書五經》都是所謂的「經世濟民之學」，超過二千年被中國人認定為最有價值的學問，但從實證主義史觀的角度觀察，《四書五經》能否稱得上是「經世之學」？還得看中國社會如何演變。結果卻發現，這些學問主張與社會的實際發展毫無關聯，中國所謂的「經世之學」根本是作文比賽，只是學者的空思妄想罷了。

從十八世紀末白蓮教之亂到二十世紀文革結束為止，中國近二百年天下大亂。首先，北方的宗教集團白蓮教叛變，「捻軍」大約數萬人攻入山東省，搗毀孔廟在內的孔子家族宗廟與墳墓，孔氏子孫遭受屠殺。南方也有信仰基督教的宗教集團「拜上帝會」，成立太平天國後禁止儒教，颳起「反儒」風暴，動盪持續到二十世紀。

台灣出生的我，未曾經歷中華人民共和國的反儒批孔，中小學一直到高中，唸的是台灣中華民國所實施的儒教教育。而且，進入國民小學之前，我跟隨「漢學老師」讀誦《三字經》、《千字文》以及「四書」的《大學》、《論語》、《孟子》等等，用朱筆標記句讀，努力背誦文章。

高中國文課本則充斥朱子學與陽明學的文章及注疏，而且必須背誦《論語》。原本是生活用語的成語，很多也納入儒教系統，拼命「說教」。這樣的社會，當然是扭曲異常。事實上，不只《論語》，《四書五經》等中國古文都有許多意思模糊、難以理解之處，自古以來因而出現很多爭論。針對這部分，我有以下幾點看法：

①不只《論語》，幾乎中國古代經書都得倚賴大量注與疏，否則難以理解其原意；但各家看法不同，特別是與《論語》相關、名爲「正義」的注疏，更是眾說紛紜。甚至，就連如何斷句，各「學派」都有不同主張。除此之外，許多注疏者有其政治目的，從而牽扯各種利害。

②針對古典經書進行注或疏的大學者，除了必須擁有豐富「經」的知識，也得熟稔「史」、「詩」、「集」等知識，以及對該時代的透徹認識。因此各家解釋不同，乃屬當然。

③中國古代經書遣詞用字簡練，句子壓縮得很短，因此不只注疏，就連精確掌握語彙內容、傳達其概念，都非常困難甚至不可能。

④《論語》很早就傳到日本，到了江戶時代，出現各種《論語》相關的「正義」（解釋），其中有些頗具創見，展現日本人特有觀點，成就斐然。但江戶距離孔子時代相當遙遠，加上日中兩國文化與文明差異，許多《論語》詞句無法精確譯為日語，即便今天進行《論語》的「現代語譯」，仍然很難符合原意。這是日本人理解《論語》的侷限。

⑤日本有許多《論語》的「現代語譯」版本，雖然做了相當大的努力，但不諱言，仍有許多誤譯與誤解。這可說和學識的造詣深淺無關，而是時代與文化差異的限制所致，日本人確實很難精確透徹地了解《論語》原文。

⑥《論語》一書不只呈現孔子的人生觀與天下觀，提出他對那個時代的看法與價值觀，背後其實也有改變社會與國家的政治目的。不容否認，古希臘、古印度

乃至於古中國，都有一些普世的人生觀與萬古不易的人類共有價值觀，這些人生觀與價值觀凝聚成的知識與智慧，確實值得後人學習、傳承，但沒必要反覆背誦，當成教條。在我看來，中國人拼命背誦論語、「非背不可」，已經是一種變態。這也是我對「論語在中國」的基本判斷。

二、《論語》的真面目

很多人認爲，《論語》是關於「修身」也就是品格教養的著作。要成爲社會大眾品格教養的教科書，前提是民眾普遍閱讀，但事實上，《論語》普及的時間點比佛經大眾化來得晚。《論語》一開始是「孔子補習班」的「政論教材」，主要是鋪陳以禮及仁爲工具、用來改變社會的方法，堪稱是「推銷、說教色彩濃厚」的說帖。換言之，孔子再傳弟子們把孔子發牢騷、罵人的話編成《論語》，一開始動機就是政治目的。

紙張普及之前，中國人是以甲骨、金石、木竹與布帛作爲書寫工具。這些工具並不方便，所以中國古文非常簡練，字數極度壓縮，因此如前所述，想正確閱讀古文，得依賴「注」以及堪稱「注之注」的「疏」。

首先，《論語》成立於何時，這部分就有各種不同說法。可以確認的是，該書在孔子死後才成立，而且是孔子死後數百年的漢代、經由眾人合力編纂完成。許多研究者指出，《論語》出現太多「孔子那個時代不可能有的想法或遣詞用字」。

另外，孔子是否曾閱讀《易經》，學者之間也有許多爭論。孔子是春秋時代末期的人，《論語》卻出現許多戰國時代常見的用語，以及再傳弟子孟子甚至更後面的荀子等各種論述，可見，與其說《論語》是孔子語錄，不如視之爲古代儒家的思想摘要。

當然，《論語》不完全是二千五百年前孔子這個人的語錄，漢代之後許多大學者進行注與疏，日本儒學者也有許多有關「論語正義」的注疏研究，出現非常多具創意、獨特的見解。特別是日本學者提出不少有關《論語》的獨特看法，獲得中國漢學者的高度評價。

《論語》有《古論》、《齊論》、《魯論》三種版本，合計高達數百篇。江戶時代，日本學者伊藤仁齋根據漢代王充的《論衡．正說篇》與皇侃的《論語義疏》進行考證，整理出上論十篇與下論十篇，合計二十篇的《論語》。

伊藤仁齋的《論語古義》和荻生徂徠的《論語徵》，都是日本儒學指標、獨特性的論述。日本漢學者的《論語》研究與注疏，有許多見解超越中國學者，但我仍不免疑惑，距離孔子時代那麼遙遠，日中兩國風土也完全不同，日本人眞的能正確解讀《論語》？

同理，西洋思想哲學與東洋思想哲學的內涵大相逕庭。我曾寫一篇討論空海《十住心論》與黑格爾精神現象學的論文，打算請台灣某大學教授歐洲現象學的朋友「漢譯」，卻被那位做過西田哲學研究的友人婉拒，說：「漢語在這些哲學領域的表達能力嚴重不足，不可能完成漢譯」。

確實如此，日本與中國歷史文化乃至於風土都有明顯差異，特別是萬世一系的日本政治架構與不斷易姓革命的中國，文化與文明架構乃至於社會都全然不同，加上文字與語言體系差異，所以「仁」、「恕」這類儒教特有概念，不要說日本人，就連中國人也都一知半解。反之，日本人特有的「思いやり」（omoiyari），乃至於「もののあはれ」（mononoaware）、「わび」（wabi）、「さび」（sabi）等等，中國人也不能精確了解其涵義，頂多翻譯爲「體貼」、「物哀感觸」、「閑寂恬靜」以及「素樸優雅」。不同風土彼此都有隔閡，想打破障壁並深入理解異文化，都比想像難太多。

津田左右吉博士在著作中一再強調、論證「儒教不可能在日本落地生根」、「日本其實不存在儒教」，他對《論語》的相關見解，讓我深感共鳴。很多漢學者認爲，閱讀《論語》就能全面理解孔子思想，但津田博士從中國思想發展演變的角度，澈底探究《論語》各篇章內容，發現《論語》出現許多當時中國還沒有的思想。

例如，比對研究荀子與孟子的著作後發現，《論語》有許多戰國時代的思想。津田博士明確指出，《論語》不完全是孔語錄，也參雜《孟子》與《荀子》等思想主張。整部《論語》，「純孔語錄」的部分只有「子曰」開頭不到十篇。

參雜不同時代內容的狀況，也出現在其他中國古代典籍，這可說是非常普遍的基本現象。比如，公認是中國第一部古典文籍與最早歷史文獻的《書經》（尚書），漢代就出現《今文尚書》與《古文尚書》的眞僞論爭。這項論爭持續近二千年，直到清代考據學者閻若璩精密考證，才確認《古文尚書》是孔子子孫孔安國〔譯按：西漢經學家，孔子十一代孫〕僞作。

這些年來，流通全球的仿冒商品，高達近九成產自中國。製造「假貨」早就是中國人的習慣，古代中國兵法家推崇「詐道」；孫吳兵法等兵法著作，更有許多「詐術」。「僞經」、「僞史」充斥，造假仿冒顯然是這個國家自古以來的「國風」與「國粹」。

所以，清代出現重視事實眞相的「考據學」（考證學），也算不容易了。

相對於此，日本社會不太需要類似這種「辨僞」的學問。因爲日本人自古養成清明潔白的心靈，最重視純潔與至誠，那已經成爲日本社會的精神基礎和共同性格，所以自古以來，日本社會不需要辨別眞假的「辨僞學」。

日本人和中國人還有一項明顯差異，那就是中國人自古喜歡專制獨裁，日本則是多元社會，重視存異求同、「和」好相處。比如，針對「仁義」如何解釋，中國社會絕不許有人提出「反命題」（Antithese），日本人的做法則不同。

比如，伊達政宗「家訓」強調，「過仁則弱，過義則固，過禮則諂，過智則僞，過信則損」，呈現和中國人完全不同的倫理觀。

明治時代的政治家陸奥宗光在獄中翻譯英國哲學家邊沁的《功利主義》，了解所謂「義」，其實就是「利」。中國也曾經出現類似的思想主張，那就是墨子，但宗光這樣的政治家乃至於墨子的思想主張，終究不見容於中國社會。換言之，中國人的根本缺點是滿口仁義道德，實際上卻不在乎，缺乏開放與多元的價值觀。

話說回來，《論語》應如何解讀，從什麼角度看待？基本上，中國人多半把《論語》視爲能用來治理國家的「政治理論」，有所謂「半部論語治天下」的說法。反之，古代日本人認爲，《論語》是闡述「修身」方法的著作。只是我不免困惑，只讀《論語》就能了解爲人處世之道嗎？

【第一章】

孔子與《論語》

一、孔子的生平

我高中時期的國文老師常提到孔子「野合而生」一事。也就是，孔子並非尋常「婚生子女」，他的母親是巫女，相當有名氣，父親則不詳。

中國文革時期盛行馬克斯列寧主義，「毛澤東思想（主義）」火紅熾熱到極點，「批林批孔」運動期間，紅衛兵蔑稱孔子爲「老二」。

「孔老二」這個稱呼顯示，孔子是家中第二個男孩。他的兄長同樣「來歷不明」，和蔣介石出身相似。

然而，中國人二千多年來一而再、再而三地爲孔子擦脂抹粉，把他變成「聖人」，誇張到不行。中國歷史典籍除了各式各樣的孔子記載，稗官野史也不在少數，結果是眞假難辨，現代人很難知道孔子的「眞相」。孔子生平乃至於言論主張有各種眞眞假假、添油加醋，但至少可以確認，孔子乃是「野合而生」。司馬遷這位中國史上最傑出的歷史家，在他所寫的《史記・孔子世家》中，明確指出這項事實。「正史」記載此事，可見眞實無誤。

另外，中國有些想像力超豐富、荒誕不經的歷史著作，稱爲「緯書」。其中的《春秋演孔圖》、《論語撰考》提到，孔子之母與天神「黑帝」交媾而生下孔子。這項說法和聖母瑪利亞處女受胎、朝鮮「檀君開國」（檀君乃天神與牝熊所生），以及新羅國始祖誕生自鳥蛋等傳說，都有異曲同工之妙。中國生母和天神交合而誕生的「古代偉人」，其實不只孔子。孔子的身世，以現代用語來說，就是父不詳的單親家庭。

《史記・孔子世家》提到，孔子出身「貧且賤」，《論語・子罕篇》則說，孔子自稱「吾少也賤」。在那個重視血緣身分、貴族地位崇高的時代，非貴族出身的孔子可以說一開始是非常的nothing（無足輕重）。

《史記・十二諸侯年表》又說，「孔子求七十餘君而無能受用」，用今天的話來講，就是投了七十家公司履歷，接受社長面試、拼命推銷自己，卻一一被拒絕，找不到任何差事。

既是「聖人」，理當偉大、不凡，孔子「求職」竟一再挫敗，大部分時間處於失業狀態。不難想像，當時孔子心中一定充滿挫折甚至怨恨。如果不是認爲自己才幹過人，孔子大概不會有那麼大的勇氣，連續求見七十餘國國君，卻一再吃閉門羹。因此，後來再傳弟子們編撰的言論集，也就是《論語》，某種程度上就是「從怨恨出發」的作品。

孔子是春秋時代（紀元前七二二～前四八一）末期、相當於今日山東省的魯國人（前五五一～前四七九）。他的先祖並非魯國人，而是宋國（河南省）人。據了解，宋國是周滅殷後、殷人後裔爲了祭祀祖先而成立的國家。

孔子過世前不久告訴弟子子貢，說他並非周人，而是殷人後裔。孔子爲何長期隱瞞祖先出身，理由當然不只一項。

首先，中國到了春秋戰國時代，社會氣氛是下剋上、階級崩壞，但好處是人們不論出身高低，憑實力就可以爭取出人頭地的機會。孔子自認有能力執掌國家政務，於是向各國國君推銷自己，希望獲得重用。

雖然理想與抱負很高，周遊列國求職卻一再吃閉門羹，屢被婉拒。懷才不遇，當然備感挫折。話說回來，孔子向各國國君推銷「仁」、「禮」等不合時宜的「爲政之道」，無非也是因爲他表面上是周人，骨子裡卻是殷人思維。

孔子生平及其時代背景，不妨參考如下簡略年表。

紀元前（以下同）

五五二年	一歲	生於魯國曲阜近郊陬邑。
五五〇年	三歲	父叔梁紇過世，不久母顏徵在也過世。
五三七年	一六歲	三桓氏（孟孫、叔孫、季孫）勢力壓過魯國國君。
五三四年	一九歲	與宋开官結婚。翌年生下長子鯉。前往季孫家任職，擔任倉庫與家畜管理員。
五一七年	三六歲	魯昭公遭三桓氏攻擊，亡命齊國。
五〇六年	四七歲	陽虎執政三年後被三桓氏攻擊垮台，逃往齊國。
五〇一年	五二歲	孔子任魯國政府官職。
四九七年	五六歲	受三桓氏迫害而亡命衛國，巡迴列國求職。
四九二年	六一歲	前往宋國途中差點被桓魋殺害。
四八四年	六九歲	回到魯國，長子鯉過世，得年五十歲。
四八二年	七一歲	得意門生顏回過世，得年四十一歲。
四八〇年	七三歲	弟子子路在衛國內亂中遇害，得年六十三歲。
四七九年	七四歲	過世。

「吾十有五而志於學，三十而立，四十而不惑，五十而知天命，六十而耳順，七十而從心所欲不踰矩」，這段話是孔子很有名的成長歷程自述。

日本戰國時期武將織田信長吟誦離世和歌，一開始長嘆「人生五十年」，正是當時大部分日本人的壽命，孔子能活到七十幾歲，在二千多年前的春秋時代堪稱非常長壽。孔子說他「四十而不惑，五十而知天命」，表示他思想開通、掌握某些眞理。只是所謂「了悟眞理」，很多人都有類似經驗，未必只有孔子對眞理的領悟才正確。

二、孔子神格化

孔子從漢代開始被神格化。話說，中國中原地區的周朝取代殷（商）成爲中原盟主之後，制訂士這種階級必修的各種藝能，便是所謂的「六藝」。「六藝」指「禮、樂、射、御、書、數」六種教養才藝。後來，「六藝」被「六經」（易、書、詩、禮、樂、春秋）取代，制訂六經的人，據說是孔子。這項發展顯示，中國人從一開始的「文武並重」變成「文乃經國大事」，也就是重文而輕武。

另外，漢代出現用占卜吉凶與符瑞等預言形式解釋六經的著作，稱爲「緯書」。附帶一提，目前中文「地球經緯度」的「經緯」，也是從此用法衍生而來。

漢代是中國史上「緯書」最盛行的時代。當時社會已經非常世俗化，中國人不再像商朝那樣熱衷宗教，可能也是因此才會出現「緯書」這類迷信著作。當然，也可能是中國人宗教意識薄弱，才會那麼迷信，至今依然盛行「風水」、「占卜」、「陰陽五行」等做法。尤其中國近年來馬克斯主義信仰崩潰，更出現迷信大復活的現象。

著名的緯書《春秋演孔圖》描述，孔子身長十尺，頭部正中央有明顯凹陷，背曲如龜，胴體長而腳短，手長及膝，擁有十二色眉毛，腰圍粗壯到十人牽手才能合圍，有如巨獸一般。

中國古代偉人都有異相、奇相。比如，被尊爲華人始祖的黃帝，據傳有四顆眼睛、六張臉，發明漢字的倉頡也有四隻眼睛。爲了彰顯開國君主偉大，誇張地描繪擁有四顆眼睛、六張臉，未免誇張。附帶一提，羅馬神話執掌門戶的耶努司（Janus）神，也不過兩張臉。

前述，孔子並非貴族出身，身分約等於日本武士時代的「浪人」，他宣稱不只熟悉周禮，也了解更早的殷與夏禮，就不免令人起疑。即便母親是巫女、從小耳濡目染，但母親再怎麼厲害，也不可能教他數百年之前的殷禮，以及超過一千年前的夏禮。

孔子成年後周遊列國，闡述、推銷禮與德的功用。春秋戰國時代，由孔子開創、領導的儒教集團，原本不過是專門處理民眾婚喪喜慶、具宗教色彩的「禮儀社」集團。這項職業必須掌握社會情報與傳統知識，但終究屬於下階層，距離「備受社會尊崇」，還有一段距離。

史書所載如果正確，孔子門下有賢人七十二人、弟子達三千人，孔子領導的這個

「禮儀社」、儒教集團，堪稱頗有勢力。

《韓非子》提到，孔子之後，儒教分裂成八個學派。當然，春秋戰國時期，中國思想勃發、諸子百家爭鳴，儒教集團並非獨強，法家、老莊道家以及工匠集團「墨子集團」，勢力都更強大。其中，法家一直最受掌權者重視，老莊除了漢代文景之治與唐代一段時期，在中國長期扮演「在野學派」的角色。

諸子百家中，墨家集團堪稱儒家集團最大競爭對手甚至天敵，教主墨翟過世後，戰國時期曾短暫風靡，不久整個教團卻銷聲匿跡。

儒教集團則分裂成八個門派，但是進入戰國時代，出現孔子再傳弟子孟子，以及以「性惡說」聞名的荀子兩大學者，即使後來秦始皇「焚書坑儒」企圖消滅儒教，這個集團還是存活下來，不久漢朝武帝反過來排斥百家、「獨尊儒術」，儒教竟從奄奄一息突然變成「國學」，受到政府超乎想像的保護，但也讓中國思想發展「威權主義化」，變成一言堂。

在春秋戰國的思想言論市場中，儒教競爭力之所以比法家、墨家等弱，是因爲脫離社會現實、不符合時代需求。即使如此，儒者仍有優點，那就是抱持理想主義，能高談闊論。西漢末年王莽執政，企圖打造儒教千年帝國卻失敗，爲何儒教還能傳承不斷？一般認爲，主要是漢代流行「讖緯說」，也就是神祕思想，使儒教集團神格化；即使漢朝之後佛教盛行，表面上失去影響力的儒教集團卻能存活下來，而在漢朝滅亡千年之後，更是全面復活。

那就是宋代，中國人受佛教思想影響，進而發展出所謂「理氣之學」，集大成者是南宋朱熹與明代王陽明。所謂理氣之學，無非是利用佛教的哲學語言重新詮釋儒教的思想主張。

後來蒙古人建立元朝，停辦科舉考試，企圖將中國牧場化，但元政府的高級顧問契丹人耶律楚材建議，「農地比畜牧能收到更多稅收」，讓元朝政府打消這個念頭。到了清代，考據學盛行，儒教市場逐漸萎縮。十九世紀中葉，南方更爆發太平天國之亂，儒教與儒經全面列禁，北方則出現數萬人的宗教集團「捻軍」，攻入山東曲阜，搗毀長期受保護的孔家宗廟與陵墓，孔氏族人遭受殺戮。

不過，近代中國最具指標性意義的反孔教，還是一九一九年的五四運動，以及文革期間「破四舊」與「批林批孔」運動。對近代中國知識份子而言，儒教代表獨裁蒙昧與洗腦，略帶宗教色彩的儒教集團，一千多年來遭受佛教文明挑戰、競爭，早已失去宗教領導地位；十九世紀之後，西洋文明大舉進入中國，儒教進一步式微也是理所當然。

由此推論，這些年中國政府大力在世界各地成立、推廣「孔子學院」，應該只是迴光返照，無法眞正復興儒教。

三、《論語》是誰寫的？

孔子時代，紙張尚未問世。最早的中國文字是殷（商）代的甲骨文。到了周代，出現鑄刻於金石的文字，然後流行木簡、竹簡乃至於布帛書寫。

紙張出現在秦始皇統一各國文字與字體之後，據說是漢代蔡倫所發明。

書寫方式，中國也有所謂「貝葉」。比如，現存日本最古老的梵文經典《般若心經》，就是貝葉所寫。前述，《論語》是孔子再傳弟子甚至更後面的弟子所編寫，它是不同時代儒學者的合作成果。

就整本書的定位與風格而言，《論語》如前述呈現了孔子自視甚高、憤世嫉俗的風格，堪稱是批判社會、教導世人如何處世的教材。

話說回來，春秋時代周王已失去政治主導權，出現「春秋五霸」，齊與晉等諸侯國相繼稱霸的局面。

在群雄並起、政治混亂的時代，原本只是「浪人」的孔子，企圖用他所空想的古禮重建「理想的中國社會」。他激烈批判時局，認爲當時中國整體處於「無道」（無秩序）狀態，只有他的理論主張才能撥亂反正。孔子這方面的主張，主要是「尊王（周王）攘夷（夷狄）」，以及「華夷分別」（《春秋》）。

於是，他四處宣揚意思模糊、有各種解釋的「仁政」，甚至企圖統一天下、開創王朝，自行擔任天子。當然，這種盤算毫無實現的可能性，所以孔子終其一生，只是一廂情願推銷無聊政治主張的「浪人」。易言之，不要說成爲天子，連企圖躋身貴族社會都被踢出來；努力求官也被認定是逞口舌之徒，絲毫不受重用。即便旺盛企圖心一再幻滅，孔子仍毫不放棄帶領弟子們講學，批判社會道德墮落，倡言實現他所歌頌的道德國家。只是願望歸願望，畢竟春秋是亂世，孔子滿口理想與道德，當然不可能改變社會、實現理想國家。

除非有政治權力與武力做後盾，否則孔子的主張不可能成爲國家政策，要求所有民眾一致遵行。畢竟中國自古以來都是「馬上取天下」，掌握武力的人說了算。

過世前那段期間，面對無力實現的理想與抱負，孔子只能一再對弟子們發牢騷，表達不滿。確實，巡迴各國推銷政治主張的過程中，孔子及其弟子一再被看輕、被擺弄，甚至就連農民與隱士都瞧不起他們。孔子在失意、落魄乃至於遭受迫害的氣氛中過世，可以想見內心有多怨恨。

孔子之前，中國原始儒教經典是所謂的《五經》。其中，《尚書》（書經）更是聖經級的重要經典。至於《論語》，則是孔子死後許久、由門生和再傳弟子們編撰完成。一開始是再傳弟子群整理孔子生前語錄，當時距離孔子過世已超過一百年甚至更久。《論語》其實是孔子再傳弟子們的集體創作。

該語錄書名並非一開始就是《論語》，而是《傳》；漢宣帝（西元前七三～四九年在位）時代，孔子十一世孫孔安國的學生扶卿才首度使用《論語》這個名稱。當時所謂《論語》，其實有許多版本，包括《魯論》、《齊論》、《古論》三篇等。後來成爲標準版的《論語》（二十篇），有相當多重複與杜撰，一般認爲，前半十篇與後半十篇成立時間應該不同。持這種看法的人，主要是江戶儒學者伊藤仁齋，其主張目前仍深受學術界支持。

《論語》可能是再傳弟子們編撰孔子語錄，再加進其他內容。《論語》正式成立時，孔子已過世大約七百年甚至更久，其所「記錄」的孔子言論，已經不是原汁原味，而是有許多加油添醋。

中國到了十二世紀宋朝，理氣之學盛行，到了大元時代，朱子的《論語》正式列入

《四書五經》，明代以後才成爲中國知識份子必讀聖典。尤其是元朝首度將《論語》列入科舉必考科目，更是人人必讀。

漢武帝「獨尊儒術」二千多年來，孔子受歷代中國王朝統治者褒揚，給予追贈官位與頒布尊貴稱號等禮遇，十九世紀後半卻遭遇挑戰，南方太平天國禁止儒教，北方狂熱的宗教革命團體「捻軍」甚至攻入山東省曲阜，屠殺孔氏族人，搗毀孔子家廟與墳墓。

十九世紀末西風東漸，中國人全面懷疑儒教的價值與正當性，就連儒學者也批判孔教。特別是一九一九年的五四運動，出現「打倒孔家店」口號，加上文革「破四舊」、「批林批孔運動」等，都對中國儒教發展造成嚴重打擊。

另一方面，從西風東漸到爆發辛亥革命、社會主義革命、文革乃至於二十世紀後半的「改革開放」政策，中國長達一百多年都處於「西風與東風爭雄」、「改革和傳統拉扯、對決」的糾葛，企圖維護傳統文化的「尊孔運動」，當然會遭受批判與攻擊。

如前所述，《論語》其實不是原汁原味的「孔語錄」，而是參雜了弟子們乃至於其他書籍的內涵。不僅如此，二千多年來中國學者不斷重新編撰《論語》，或者做注疏，提出各種解釋與見解，因此，如何回歸《論語》原貌，已成爲「論語學」的一大課題。

話說，孔子是中國春秋時代末期的人，不久進入戰國時代，中國社會出現劇烈改變。主要是秦始皇之後，歷代中國王朝陷入一治一亂、不斷循環的易姓革命。過程中，漢民族曾長達近千年被夷狄入侵、統治。

特別是十九世紀西風東漸、西力東來，中國國際地位衰退，不再是世界中心。二十世紀則「全球化」潮流席捲世界，中國人如何面對世界，已經成爲這個國家興衰存亡的重大課題。

四、日本人與《論語》

日本江戶時代有所謂「藩校」與「寺小屋」，青少年在此接受教育，使用教材包括內涵爲音韻學與文字學、訓詁學的「小學」〔譯按：專門研究中國古代漢語語言、文字的學科〕、《近思錄》〔譯按：朱子與呂祖謙所編，記錄周敦頤、程顥、程頤、張載等學者的思想主張〕、《四書五經》。到了明治時代，歐化與近代化成爲主流，公立學校與私塾教材只剩《論語》。明治維新後，著名企業家澀澤榮一撰寫《論語與算盤》，非常暢銷，顯示《論語》仍受日本人歡迎，原因何在？

明治維新的核心精神之一是改革文明、推動實業教育，即使如此，全面向西方看齊的「鹿鳴館時代」〔譯按：鹿鳴館興建於一八八三年，是日本政府官員接見外賓的場所，也成爲日本西化象徵〕沒有持續很久。也就是，日本人並非一窩蜂、毫無猶豫地追求西化、洋化，仍有許多人堅持國粹與傳統，大概每二十年就改變潮流、一會兒吹「歐風」，一會兒吹「國風」。

眾所周知，江戶時代教育非常普及，當時教育內容並非日本「國學」〔譯按：有關日本古代歷史文化的各種文學、記載與研究〕、蘭學，而是以漢學爲主。比如，澀澤榮一乃武州〔譯按：奈良時代所設行政單位「武藏國」之簡稱，相當於今東京都〕農村出身，據說他的農民父親也能與人談論《論語》與《易經》。

當時日本農民是否都能像澀澤榮一父親那樣識字而且很有學問，還有待研究，但至少可以確定，江戶時代的日本不論士農工商，都有許多人熱衷「石門心學」〔譯按：具有武士道精神與概念的哲學理論，由江户中期學者石田梅岩及其弟子手島堵庵發展完成，強調人人都應修行，據天理、排私慾，培養正直心性，放棄自私，追求仁義、良心與正直〕，一般民眾也熟悉各種漢籍故事。

日本江戶時代教育普及，大航海時代的西洋傳教士、使節、學者、軍人與旅行者，留下許多日本教育普及、令他們印象深刻的日記與見聞錄。

比如，大航海時代之前來到日本的聖法蘭西斯・沙勿略〔譯按：San Francisco Javier，一五〇六～一五五二，天主教宣教師、耶穌會創辦人之一。曾三度造訪長崎平户〕。他在日記寫道，當時日本是戰國時代（一四六七～一五六八），烽火連天，教育卻比西洋還普及，民眾知識水平絕不下於西洋人。事實上，室町時代（一三三六～一五九七）的日本人就已經非常重視教育。精通英文的佛教學者鈴木大拙指出，「日本佛教」形成於室町時代之前的鎌倉時代（一一八五～一三三三），主要原因是武士信奉禪宗，民眾熱衷淨土系佛教，佛教在日本「普遍化」，日本人識字率因而大幅提高。這部分，我的看法是，佛教能在日本普及，主要原因之一是日本民眾熱衷佛典抄經。

當時日本人寫經使用的文字並非梵文，而是漢文。教育普及，日本鎌倉時代出現寫經運動；寫經運動也回過頭來更加促進教育普及，讓民眾的佛教信仰更深入。

我曾參與任職大學的「百年校史」編撰工作，爲了更精確，我將有關教育書籍匯集起來，一一檢證，過程中意外發現，十九世紀末日本教育普及率已接近一〇〇％。相對的，台灣當時私塾學生，大概只佔全人口的〇．六％（四捨五入）。

同一時期，中國與朝鮮教育普及率也大概只有一〇％。正因爲中國教育普及率太低，毛澤東才會喊出「解放八〇％文盲」的口號。中國所謂「教育」，目標多半是讓民眾識字，頂多能寫封信，距離「國民教育」與「實業教育」，還有很大距離。

話說，中國六朝時代（六一八～九〇七），佛教是主流宗教，到了唐朝盛行道教，儒教經典長達五百年不受重視，甚至幾乎被中國人遺忘，所以，日本「遣隋使」與「遣唐使」從中國帶回去的書籍，幾乎都是佛教經典。當時有人引進《論語》，應該只是貴族的道德修養用途，至於民眾，則如前述，主要閱讀佛教經典。換言之，《論語》和日本鎌倉、室町時代的教育普及，關連不大。

我在台灣進小學前，先在私塾學《四書》，甚至能背誦《大學》、《論語》、《孟子》，只有《中庸》沒背起來。當然，當時也背了《三字經》、《千字文》、《千家詩》、《千金譜》等。

後來讀高中，國文課必須背誦《論語》、《孟子》，國文老師動不動就要求學生「背呀！」所以不只我，那個時代台灣高中生都背誦《論語》、《孟子》。只是，社會生活實況和《論語》所描述的世界幾乎相反。台灣人背書是一套，實際行爲又是另一套，我學生時代對「成語」也很困惑，常懷疑其眞實性與有效性，因此常和同學爭辯。

歷史資料顯示，西元三世紀左右，也就是《魏志倭人傳》記載的邪馬台國時代，《論語》就已傳入日本。遣隋使時代，部分日本人讀過這本書，比如，《論語義疏》的討論方面，空海所寫《秘密曼荼羅十住心論》的「第二住心．愚童持齋心」引文之中，就用「五常」概念解釋《論語》提到的「五戒」。

傳到日本的《論語》有許多抄本。比如，奈良時代（七一〇～七八四）出現梁皇侃（四八八～五四五）寫的《論語義疏》。另外，三國時代魏國何晏等人編纂的《論語集解》，有人認爲可能是唐代傳到日本。

朱子學進入日本，大概是元朝中期到後醍醐天皇（一二八八～一三三九）期間。江戶時代，擔任幕府儒學官員的林羅山家族，代代傳承朱子學。當時也出現伊藤仁齋與荻生徂徠等民間儒學者。

仁齋與徂徠分別撰寫《論語古義》與《論語徵》，加上後來太宰春臺撰寫《論語古訓》，顯現江戶儒學蓬勃發展與獨特解釋。不只朱子學，針對《論語》等中國經典，江戶儒學的看法與解釋經常和中國、朝鮮不同。原因可能是日本的文化文明和西鄰兩國頗有差異。

比如，元代中國和朝鮮只流行朱子學。日本則不同，不只朱子學，就連被明、清兩朝列爲禁學的陽明學，以及來自西洋的「蘭學」，都蓬勃發展。而且，當時日本已有非常昌盛的佛教與神道信仰、理論，新興「國學」也逐漸受到重視。

日本思想文化百花齊放，並非江戶時代才出現，甚至可以說，日本人早在「神代」〔譯按：神武天皇（六六〇年）之前的日本神話時代〕就形成「學術自由」傳統，所以日本人不排斥《論語》，熱衷研究、讀誦。《論語》編纂、研究與考證方面，最有名的是江戶時代的伊藤仁齋、撰寫《論語之研究》的竹內義雄，以及著有《論語與孔子思想》的津田左右吉。

其中，特別是津田左右吉深入論證後發現，《論語》各種孔語錄，很多是再傳弟子們用自己的嘴巴替孔子說話，編輯成書。津田左右吉強調，儒教不曾眞正進入日本人的生活，原因是這種思想與學問不符合日本人心性，無法在日本生根。

五、西洋人眼中的《論語》與儒教

西洋人如何看待《論語》，被公認爲日本中國文學界最高權威的吉川幸次郎分析如下，相當中肯。

「西洋人認爲，《論語》相當於西洋《聖經》，所以，讀《論語》必須同時讀《聖經》。我也一直覺得，讀西洋《聖經》可增進對《論語》的了解。

而且，只讀《聖經》不能完全理解《聖經》，還得搭配閱讀《論語》才行。」（《暢談論語》筑摩學藝文庫）

另外，撰寫《論語閱讀方法》的山本七平，父親崇拜內村鑑三（明治時期著名基督教信徒、思想家），支持內村「要理解《聖經》得閱讀《論語》」的見解，因此逼迫當時還小的七平閱讀《論語》。

然而，正確、深入理解《聖經》，眞的得閱讀《論語》嗎？我覺得這種說法可疑。當然，日本的西洋宗教哲學學者或牧師如果要提昇專業知識，或許會想閱讀《論語》、《孟子》或《般若心經》乃至於《可蘭經》等著作。

只是，儒學者心胸並不開闊，他們一味地背誦《論語》等《四書五經》，卻沒有任何儒學者主張閱讀《論語》應搭配《聖經》。不要說讀《聖經》，很多儒學者根本就是敵視基督教。同時閱讀《聖經》與《論語》的西洋人會發現，儒教學者朱子等人有非常強烈的排他性格，陽明學甚至宣揚「屠殺夷狄」的觀念，把摧毀夷狄當作自己的「使命」。

西洋人最熱衷、陶醉於東方，大概是馬可波羅所撰《東方見聞錄》發行的那段期間。古代陸上絲路與海上絲路交流，許多西方人對東方的中國產生好奇心，加上後來蒙古大軍西征以及鄂圖曼土耳其帝國盛世，讓許多西洋人產生「黃禍」的危機意識與恐懼。但是西洋人對「中國學」的興趣，則始於大航海時代東洋思想的西漸。

當時有些西洋人認為，孔子是足以和古希臘蘇格拉底、柏拉圖、亞里斯多德等人並列的哲學家。但整體而言，西方學術界對孔子與儒教的評價並不高。

十六世紀末就有西洋傳教士翻譯拉丁語版的《論語》，累積至今，則有歐美乃至於亞洲、非洲語言各種譯本，但《論語》未曾擁有像基督教、伊斯蘭教與佛教經典那種全球性人氣。《論語》絕對稱不上是有魅力的經典，甚至能否稱爲「學」？還有待斟酌。正因爲內容貧乏（無深度），眞要讓世界各國民眾有興趣閱讀《論語》，恐怕就得祭出強制或利誘手段了。

所以，中國政府砸經費大手筆製作電影「孔子」〔譯按：請到國際巨星周潤發當男主角〕，發片之後卻票房慘淡、乏人問津。這部片子雖說「眞實」描繪孔子，但孔子言論事實上就是一味地說教，所以德國哲學家黑格爾早就看破《論語》，認爲《論語》只是「市井尋常可見的通俗道德主張」。

爲了對抗諾貝爾和平獎，中國政府刻意成立「孔子和平獎」，前幾屆得獎者竟然是台灣的連戰與俄羅斯獨裁者普丁，簡直唐突滑稽〔譯按：二〇一五年「孔子和平獎」主辦單位宣布（2015.10.28），本年度獎項頒給辛巴威在位三十四年的總統穆加貝，消息傳出後舉世譁然，因為穆加貝以獨裁著稱，從而受到國際輿論抨擊，辛巴威政府宣布該國總統將婉拒受獎，徒留笑柄〕。而且，就連這兩個得獎者也沒有出席頒獎典禮，「孔子和平獎」終究只是胡鬧一場。話說回來，孔子和「和平」有何關聯？孔子當時對春秋諸國紛爭有「和平」貢獻嗎？客觀而言，孔子當時只是打打「嘴炮」，並無促進和平的實際作為，和當今中國政府沒兩樣。

中國政府另外精心籌設國際「孔子學院」，在全球各地開設超過四百所分校，但很快就被踢爆，該學院根本是中國政府的情報機構，說是「學術機構」，卻反而拼命壓制言論，摧毀學術自由。該學院大手筆製作「南京大屠殺」電影，針對就讀該學院的各國年輕學生強迫洗腦，希望「導正」各國對中國歷史、政治的誤解，但是這種企圖能發揮效用嗎？且讓我們看看西洋人對於孔子等中國思想與哲學的看法。

大航海時代初期到中國的耶穌會教士馬迪歐・里奇（Matteo Ricci，漢名「利瑪竇」，一五五二～一六一〇年），是日本與中國中小學歷史教科書都出現的著名義大利人。他在中國待了二十八年，直到過世。

里奇不僅把《四書》譯成拉丁文，還發表文章公開支持儒教，認為儒教是非常優良的傳統，科舉制度也值得讚美，「孔子不是穆罕默德那樣的預言者，他沒有得到靈啓；孔子的道德大概和愛比克泰德類似，是非常純粹、有人性的觀念與主張」〔譯按：愛比克泰德，西元五五～一三五年，土耳其希拉波列思人，著有《人生之道理》〕，但里奇讚譽儒教的同時，卻批判宋代所謂的「新儒學」，認為「太極」理論並不合理，新儒學學者主張的

「理」不可能成爲主宰萬物的道理。

近代以來，西洋哲學家或思想家比較肯定孔子的，大概只有德國哲學家萊布尼茲（Gottfried Wilhelm von Leibniz，一六四六～一七一六年）。但萊布尼茲對儒教的理解有限，多半只是透過里奇的著作而了解儒教，並且誤以爲近世的宋學就是孔孟儒學，以爲宋儒「太極」學說是陰陽二元論發展成的泛神論、一元論。萊布尼茲甚至認定，理、太極、上帝與基督教的神，都是相同內涵。

萊布尼茲主張的「君王論」國家觀，和儒教類似，使得某些西洋歷史學家認爲，如果能改造、讓中國西洋化，當中國人接受西洋的自由民主主義，人類歷史就會「殊途同歸」、走上自由民主這條路。這種主張就是所謂的「歷史終結論」，這樣的歷史哲學與文明觀念，目前仍有許多歐美人士大力擁護。

關於孔子的評價，黑格爾講的最澈底，他說，「孔子頂多是個實踐哲學家，但並未擁有具深度的哲學，其道德論述迂闊平凡，不過是市井尋常、通俗的道德主張」。換言之，就學術而言，孔子稱不上具有世界級深度。另外，德國哲學家奧古斯都．克拉迪修（Augst Gladisch）在《探索世界史序說》（一八四一年）一書中表示，中國古代經典的言論與思想主張都很淺薄，本質性的和非本質性的東西混爲一談。不只這兩位德國哲學家看不起中國儒學，頗有批判，江戶國學者也有類似看法。

另外，德國哲學家約翰・海涅・普拉德（Johann Heinrich Plath，一八〇二～一八七四年）說，「孔子也是支那人，擺脫不了支那人習性，還是認爲國家應掌握所有權力，個人則不可擁有政治權力，這無非是那個國家的尋常主張」。日本明治時代思想家德富蘇峰也一針見血地指出，「想了解孔子，最簡單的方法是，孔子是支那人」。

德國社會學家馬克斯・韋伯則說，「儒教國家是一個『咒術國度』，並且爲了維持咒術力量，儒教倫理主張必然走向封閉化」、「自我封閉的咒術國度，不可能產生近代西洋重視理性、合理的經濟發展與技術」。如果用「擺脫咒術的程度」作爲一個國家的思想發展程度，基督新教（Protestantism）可打一百分，儒教則是零分。在韋伯眼中，孔子「天子受天命，因而具有統治正當性」的主張，也就是所謂的「天人合一」、「內聖外王」根本就是邏輯錯亂，也因此，這樣的「聖王」，歷史上從未出現。

堪稱西洋首屈一指的英國傳教士詹姆斯・雷格博士，費時二十一年英譯《四書五經》（一九六六年完成），但他認爲「儒教思想其實會讓社會回歸到古代的野蠻」。

雖然西洋人眼中的《論語》和《聖經》有點類似，但《論語》文體單調，缺乏《舊約聖經》那樣戲劇化、吸引人的情節與故事。更何況《論語》每章獨立，前後脈絡散亂，缺乏思索與創見，閱讀這本書很難得到知識啓發與精神成長，只能一味地「模仿」、「遵古法製」。結果越熱衷背誦《論語》的人越失去創造力；全民拜讀《論語》的國度，則進入文明假死的狀態。

中國人自古以來奉行的商業倫理，具有強烈的欺瞞性格，「不正直」堪稱是中國人的民族性，社會主義教主馬克斯因此說，中國是一種「活化石」，中國社會是「密封在棺材中、已保存千百年的木乃伊」。在馬克斯眼中，中國確實是超保守的尚古主義，千古不變、僵化的社會。而中國人之所以抱持尚古主義，根本原因就是儒教思想。

特別是近代法的元祖孟德斯鳩更單刀直入的指出，中國人分不清楚法律、風俗、禮儀、道德。除了指出「禮」就是「騙」以外，並指摘中國的商人幾乎都是騙子。韋伯更指出，中國人是世界最不誠實的民族，中國人僞善是儒家道德教育的成果。

六、儒教國教化二千年

中國春秋戰國時代，言論思想活潑，「百家爭鳴」、「百花齊放」，原始儒教以及孔子、孟子、荀子等人所建立的儒教，在當時並非熱門學派，擁戴者有限。原因很簡單，當時中國人重視革新、自由競爭，時代氛圍和儒教格格不入。

後來秦始皇統一中國並「焚書坑儒」，但秦始皇主要目標並非摧毀儒教，而是打算繼統一文字與度量衡之後，也想統一國家思想，不合乎要求的都加以消滅，儒教只是其中之一。但秦國不久就滅亡，進入漢代，最初的文帝與景帝兩代是戰亂後的和平治世，史稱「文景之治」。這兩位皇帝看重的思想學派是「黃老之術」，國家政策根據老莊思想，呈現「自由放任」、「無爲而治」的風格。

文景之後的武帝時代，開始東征、西討、南攻、北伐，不斷開疆拓土。漢武帝採納儒學者董仲舒的《賢良對策》，「獨尊儒術」、「罷黜百家」，儒教取得近乎「國教」地位。之後中華帝國榮枯更迭，持續「一治一亂」的週期變化，直到二十世紀初爲止，儒教堪稱是二千年來中國最主要的政治理論體系。

孔教（儒教）成爲漢朝守護神後，出現「公羊學派」。公羊學派大量僞造「緯書」，是鞏固後漢光武帝、明帝與章帝等新政權的理論支柱。即使後漢光武帝時代得到朝廷支持，到了隋煬帝時代，內容神秘怪誕的「緯書」則被列爲禁書。

漢代之後，孔子逐漸神格化，成爲所謂「先聖」，其弟子顏回號稱「先師」。唐玄宗追封孔子「文宣王」的諡號。生前汲汲營營推銷政治理論、有雄心一統天下的孔子，死後一千多年終於獲得「王」的稱號。唐玄宗開了先例，後來的宋、元等朝代，不斷有皇帝追贈孔子王號。

因此，今天孔廟之中的孔子塑像多著帝衣、戴帝冠，南面而座。另外，「孔門十哲」的顏回位居公爵，子夏等四人爲侯爵，曾參以下六七人也追諡「伯爵」。就是說，包括孔子在內，孔門師徒都位居「王侯」。戰後台灣的中小學教材，稱孔子爲「至聖先師」，孟子則是「亞聖」。

前述「公羊學派」，可說是儒教「子夏學派」的代名詞。子夏是孔子核心弟子，其追隨者到了戰國時代形成學派，主要主張是「孔子乃聖人，應得到天子尊榮」。該學派宣稱，孔子編撰的《春秋》已清楚論述國家經營管理的理論建構，孔子因而具備取代周王成爲「天下之王」的素質。

大約和孔子同時代的墨子，早就看出孔子企圖抹消周代先王功績、稱霸登王，所以批判孔子是「騙子」。春秋末期，特別是戰國時代，墨子的主張遠比孔教更受歡迎，孔子再傳弟子孟子因而感嘆天下「非楊即墨」。換言之，當時受民眾擁戴、風靡一世的思想學派，是主張「拔一毛以利天下而不爲也」的楊朱「自私主義」，以及墨翟帶領木工公會組織、主張「兼愛」（博愛）與「非攻」（和平主義）的墨家（墨子派）。

發現孔教的言論思想市場認同度太低，孟子於是加碼，在孔子宣揚的「仁」之外，特別宣揚「義」的重要性，改推銷所謂的「仁義」。即使他雄辯滔滔、賣力演出，依舊不受青睞，秦始皇統一天下之後，甚至下令「焚書坑儒」。

苟延殘喘的孔教，直到漢武帝推出「罷黜百家、獨尊儒術」政策才鹹魚翻身，孔子突然被神格化，原本就是儒教「正統神學」的公羊學派在朝廷支持下，瘋狂捏造撰寫「緯書」，僞經僞書群魔亂舞。

自古以來，中國一向有天子拜社稷、祭聖賢的傳統，前漢末期，孔子升格爲「神」，同享天子祭祀，孔子生前願望終於實現。就像《論語》也記載的，孔子自認「天生德于予」，亦即他和堯舜一樣受上天榮寵，具備帝王的條件。

到了前漢末期，國政紊亂、天災頻繁，儒者宣稱，此乃政府未以「神之禮」祭祀孔子所致。於是，孔子升格為神，受天子祭祀。南北朝後期，京城設立孔子廟，祭孔成為國家重要祭典。

不過，儘管有完成儀式化，漢末到宋朝大約七百年期間，中國人主要信奉的宗教思想是佛教，唐代則盛行道教，與佛教並稱「國教」。中世紀以來，孔教最重要學派「朱子學」到元朝末期才獲得政府公認，由此看來，其實儒學者可說是吃了超過一千年的冷飯。

漢武帝之後，歷代王朝表面上都將《論語》所代表的儒教思想訂為「國學」，但只是官樣文章、妝點門面，真正重視儒教思想的，大概只有後漢以及明清。就連官方支持儒教並且澈底實施科舉考試的宋代，也沒重視朱子學提倡的《四書五經》。《四書五經》是元朝後期才正式列為科舉考試的必讀書籍。

到了清朝末年，也就是十九世紀後半，儒教再次遭遇挑戰。總之，漢武帝獨尊儒術，儒教長達二千年一直是所謂的「國教」與「國學」，大部分時間其實只是表面風光。儒教對於中國人而言，並不是可長可久的思想主張。

七、為何全民學習《論語》反而造就「道德最低」國度？

世界上大部分民族、國家與社會都有其獨特價值觀、人生觀乃至於世界觀。當然，其中有些是普世共有的價值與觀念；有些是個別特色，彼此差異甚大。

大體上，不同宗教的文明與文化，其價值觀也有差異。就各民族所重視的價值而言，西歐人崇尚「眞」，中國人推崇「善」，日本人追求「美」，印度人則是「聖」。當然，也有一些民族認爲「幸福」、「健康」或「快樂」等價值最重要。

即使相同民族，其實也很難從古到今都盛行同樣的價值觀。換言之，同民族不同時代會產生思想變化，出現不同的價值觀，只不過長期而言，每個民族都有特殊或具特色的宗教觀念、思想與價值趨向。就像日本人每年選出流行漢字，代表該年度人們的想法與最關心的事情，但就長期歷史而言，日本人確實還是最喜歡美的民族。

另外，所有社會國家都有道德規範。當然，不同國家不同時代的道德規範也可能呈現不同發展。比如，封建時代的道德和社會主義國家強調的「階級道德」，差距甚遠。

比較特別的是，共產主義社會認爲「不需要道德」，可說搞不清楚狀況，甚至是幻想。研究「道德」、「思想」頗有卓見的尼采認爲，道德有「主人的道德」、「強者的道德」、「奴隸．群盲的道德」、「弱者的道德」等類別。

追根究柢，「道」和「德」其實不同。「道」指公義與公理，「德」偏向個人行爲。當然，道德與倫理也不同，「道德」偏思想與觀念，「倫理」則指社會規範，也可指傳統與習俗等規範。

就宗教角度看，倫理與道德的層次都低於宗教。日本思想家新渡戸稻造（一八六二～一九三三）在所撰《武士道》序文中指出，當初就是因爲被比利時法學家德．拉布雷詢問：「日本沒有宗教教育，如何進行道德教育？」當場語塞，經過多年深思熟慮才發現，日本人最重要的道德教育或「道德」，其時就是「武士道」，他也因此決定撰寫《武士道》一書。

相對的，孔子等儒學者拼命強調、宣揚仁義道德，道理何在？孔子自己「敬鬼神而遠之」、「不知生焉知死」，不相信鬼神也不信宗教，但孔子卻主張崇拜祖先（鬼），天子應祭祀社稷等等。另外，雖宣稱「不知生焉知死」，儒學者千百年來最關心的事情，不正是人死該厚葬還是薄葬？怎樣服喪才算「孝」嗎？與孔子同時代的墨家集團，早就指出孔門這種言行不一的矛盾。

話說回來，孔子「遠離宗教」的思想觀念其實也是「時代產物」。因為到了東周，也就是春秋戰國時代，中國社會快速世俗化，不再瘋狂崇拜宗教。就像英國歷史學家湯恩比等文明論學者指出的，任何文明發展過程都有不同的時代現象，有時瘋狂於宗教，有時世俗化。相對於基督教與伊斯蘭教都是誕生自沙漠一神教，周朝農耕立國，因此未曾產生色彩鮮明強烈的宗教，整個國家瀰漫著泛靈論（animism）與薩滿教（shamanism），非常世俗化。

中國統治者因此發現，如何規範人民的言行舉止，特別是春秋戰國社會紊亂，更是當務之急。孔子之前，就有「法」這類統治概念與方法，也有人認為可用夏禮、殷禮等「禮」來維持社會秩序。不過，即使大力推銷「禮」作為行為規範的儒學者，也多認為「禮」太過表面與形式化，因而祭出配套措施，強調人的內在修養，也就是「德」的重要性。具體做法則是「仁」，「仁」確實是孔子行銷思想主張最主要的賣點。

只是，漢武帝「獨尊儒術」以來，中國人在儒教主導下喊了二千年「仁義道德」，結果，你認為今天的中國人有「道德」嗎？

民間學者王力雄指出，當前中國社會和世界各國相比，特色極為明顯，那就是中國人「慾望最高、道德最低」。這確實是對中國人最貼切的形容，也是其言行與思考特色所在。

這不只是學者與中國民眾的常識，就連中國的國家領導人鄧小平、陳雲、朱鎔基也承認，「我國文化與道德頹廢，已經嚴重到一、二代仍無法重建的程度」。

中國「道德最低」的狀況，事實上不只社會主義人民共和國常見殘忍政爭，還包括無官不貪、社會七害、經濟八毒、農民九重苦等現象。總理朱鎔基〔譯按：1998-2003擔任總理〕更坦白，他說：「一切都造假，只有騙子是眞的」。

確實，民國乃至於之前上千年的帝國時代，中國特色堪稱是「沒有一年無戰爭」（柏楊）、「無山不賊、無湖不匪」（閻錫山）、「盜匪共和國」、「戮民」（梁啓超）、「敗類」（林語堂）等，這些名人的話都生動而眞實地點出，中國的確是人類歷史上道德最低的國度。

爲何文化與歷史悠久的中國，反倒變成人類史上道德最低的國家？追根究柢，最大原因顯然就是儒教的道德教化。簡單講，科舉考試盛行後，中國人普遍喜歡「唸書」，拼命背誦《四書五經》等儒教經典以考取功名，有的人「皓首窮經」，一輩子奮鬥科舉考試。即便沒考上「秀才」、「舉人」，甚至沒背熟《論語》，中國人日常用語就有很多來自《論語》的成語與名言，無時無刻不發揮著道德教化的作用，久而久之，已形成中國人根深蒂固的習俗與文化。儘管如此，爲何儒教的道德教育反而導致中國淪落成道德最低的社會？原因至少有以下幾點：

①儒教信奉者總是宣稱，有德者才能承受天命而成爲統率萬民的天子，但中國歷史發展完全不是這麼一回事，甚至剛好相反，絕大多數中國皇帝道德並不高尚，完全不具備教化民眾、感化人民的力量。

②政權輪替，理論上應該是有德者（有道者）取代無道者（道德頽廢的王朝），但實際上，改朝換代與道德無關，比的是誰武力強大。武力強大就能當皇帝，亦即「馬上得天下」、「槍桿子出政權」。

③儒教「正心、修身、齊家、治國、平天下」的政治論述冠冕堂皇，表面上有層次、有道理，但歷代尊崇儒學、所謂的「明君」，反而幾乎都是兄弟姊妹甚至親子互砍的獲勝者，公認中國明君中名列前茅的唐太宗、宋太宗，以及雄才大略的明永樂帝、漢武帝等，都是近親相殘才坐上皇位。總之，中國皇帝即使擁護儒教思想主張，其家族倫理與政治倫理其實和儒家理想背道而馳。

④中國歷代政權之中，「儒教純度」最高的無疑是王莽，但王莽政權十五年就垮台，證明就現實而言，儒教國家並不可行。

⑤就現實面而言，中國二千年來可說是「外儒內法」，換言之，掛的是儒教招牌，實際上賣的是「道教」或「法（刑罰）」的內容。原因是，如果眞的全面推行儒教，可能導致社會秩序紊亂、國家動盪，中國皇帝只好「掛羊頭賣狗肉」。

⑥從地緣政治學、生態學乃至於社會架構的角度看，千百年來已經非常世俗化的中國社會，不論公領域還是私領域，皆未形成人們共同遵守的「道」與「德」。按理說，文明社會民眾重視「道德」才能和諧共存，但中國人口眾多、資源有限，人與人之間生存競爭特別激烈，早就是「萬人對萬人鬥爭」、「打倒別人才能活下去」的社會。中國人都很清楚，想活下去不能依靠道德，「狠」才是社會生活的硬道理。反過來說，正因爲人與人相互敵視、激烈競爭，在中國這個「叢林國家」，民眾無法相互信賴，就像狼與羊難以共生。

八、中國人為何沒有「良心」？

日本人恐怕難以想像，中國竟有「有良心的人會被社會孤立」、「有才能的人會早死」這類諺語。這顯示，即使已經步入現代，中國民眾還是不太有「良心」。中國人要是年紀輕輕就展露才華，必定被攻擊排擠，成年後就會被當作競爭對手甚至敵人，因此，夠「聰明」的人都會裝笨，這便是所謂的「韜晦之術」。但即使低調，還是會因為「有才能」遭忌，嚴重時甚至會威脅生命安全。中國確實是愚民才能生存的社會。

中國人喜歡說「中華思想」，卻沒有「中國精神」。中國辭典找不到「中國精神」，民初思想家梁啓超受日本「武士道」啓發，寫了一本《中國武士道》，仔細閱讀卻發現，寫的都是《史記．刺客列傳》提到的古代英雄豪傑或遊俠。

民國初年，有位著名國學者辜鴻銘，精通十數國語言，堪稱頂尖學者。他曾拜會俄國文豪托爾斯泰，引爲美談。即使聰明蓋世，辜鴻銘竟認爲中國「國粹」包括纏足，被毛澤東狠狠嘲笑一番。辜鴻銘曾以「中國精神」爲題著書，內容全都是儒教道德。

日本人和中國人是很大的對比。我長期探索日本人的精神與思考內涵，了解「物哀」（莫名的哀傷、多愁善感）等等，乃是日本人最深刻的精神與思維。中國人這部分，我也花了很多時間思考，發現中國人只重視現實利害，完全世俗化，只知追求物慾滿足。在我看來，絕大多數中國人都是沒有精神與靈魂的「類稻草人」。當然，這是令人惋惜、可怕的事實。

就思想面而言，來自印度的佛教經典《般若心經》，主要探討「空」這種思想。進入中國之後，中國人用老莊思想「有無」的「無」來了解心經的「空」；反之，日本人用「心」的概念理解「空」。簡單講，用「有無之無」來理解「空」是錯誤做法。我在一九六〇年代參加探討法國哲學家沙特存在主義的讀書會，成員都是當時日本哲學界非常活躍的學者，大家深入討論後發現，「空」和「無」其實有很大的不同。

探討中國人的性格，《支那人的性格》這本書值得一提。這是二十世紀初美國傳教士亞瑟·史密斯的大作。他在中國傳教三十一年，觀察、思考中國人的性格內涵，寫了這本被評選爲西方五千本中國論述中最優秀的著作。備受好評的該書漢譯本，甚至請到文豪魯迅作序。

亞瑟·史密斯在回憶錄中寫道，長期傳教的他接觸過中國社會所有階層，結果卻不曾看過「有良心」的清國人。這讓他感到困惑，「爲何中國人如此沒『良心』？」

關於「良心」的「心」，中國人不是沒有人討論。比如孟子強調「人皆有惻隱之心」，認爲仁義道德可適用於每個人，人性應該都是好的，這便是所謂「性善說」。到了宋代，有名爲「理氣之學」的宋學，可說是被印度哲學觸發形成的思想體系，又名爲「心學」。其中，陽明學主張「知行合一」與「良知良識」。

現實面，爲何中國人幾乎都是沒「良心」？是中國人天生如此嗎？還是整個民族世俗化的結果？另外，爲何當初亞瑟·史密斯看到的中國人都「沒良心」？這確實是令人好奇、非常有意義的問題。

我的結論是，中國人想法不端正、喜歡欺騙也就「沒良心」，其實是有意識判斷與選擇的結果。中國人認爲，行爲「沒良心」對自己的生活有幫助。滿口道德的中國人「沒良心」，無非是他們的良心早就被儒教道德給麻痺，給摧毀了。

這樣的結論相當合理，新渡戶稻造就是很好的對比。前述，新渡戶稻造受比利時哲學家拉布雷啓發，深入思考日本精神與思想結晶，撰寫《武士道》一書。該書沒有說明新渡戶思考相關問題的過程與哲學主張，但《武士道》一書顯示，新渡戶稻造的精神思考非常有深度。

新渡戶信奉基督教貴格（Quaker）教派，雖然不像日本明治初期著名的基督徒內村鑑三那樣熾熱，但同樣虔誠，對於新渡戶而言，「宗教」最重要的課題並非「活得健康快樂」，而是「了解死亡意義」或者「讓死亡更有意義」。

關於死後世界，基督教只有簡單的「天國」觀念，不像佛教那樣深入討論，即使如此，基督徒新渡戶所寫的《武士道》仍指出，日本文化與日本人精神最核心的要素乃是「武士道」，其特色可以說就是《葉隱》（譯按：山本常朝（一六五九～一七一九）所著，早期日本武士道重要經典。「葉隱」意指「在君主看不到的地方也要盡忠」）所強調的，亦即，武士道精神的重點在於「尋死」、找尋「死亡的意義」。日本人熱衷探索死亡意義，甚至超越宗教，不只像佛教淨土宗那樣「厭離穢土、欣求淨土」，而是把追求「死的乾淨、死的痛快」當作超越善惡的實踐美學。因此可以說，「武士道」的思維與精神高度，還在佛教之上。

前述亞瑟．史密斯不僅是學者，更是專業的基督教傳教士，和儒學者人格特質完全不同。比如，史密斯不認爲「勸善懲惡」是傳教士最重要的職責。在史密斯看來，宗教家與傳教士不應推銷世俗的仁義道德，拼命「教化」民眾，更重要的是發自內心湧現對神的信仰，這便是「良心」。良心必須內在自動產生，而非外在強求，灌輸仁義道德毫無意義。亦即，信仰必須發自內心，有深刻宗教信仰的人，大概都能了解這種道理。

亞瑟・史密斯的前輩傳教士馬迪歐・里奇，也很了解基督教與佛教的差異。史密斯親眼見證太平天國之亂，那可說是人類史上最大內戰，從思想史來看，則可視為基督教與儒教之戰，以基督教狂熱組織「拜上帝會」為主成立的太平天國，認為孔子儒教是中國諸惡元兇，因此嚴禁並企圖摧毀儒教。

前述，中國人的良心毀在「儒教道德」手中，最大原因就是儒教道德內涵與教化方法偏差，這正是儒教道德的侷限。儒教道德的核心概念是《論語》極力推銷的「仁」，以及孟子為了對抗諸子百家追加提出的「仁義」，儘管孔子，特別是孟子，雄辯滔滔，但「仁到底是什麼」？「仁義到底是什麼」？卻從來也講不清楚，既缺乏具體內容，也無法給予明確定義。不只儒教教主孔子語氣含糊、說法變來變去，即使二千年後的今天，支持儒教的人還是含糊其詞，講不清楚。

於是產生一種亂象，人們不禁懷疑，照孔孟說法，並非學者與政治人物才能講「仁義」，黑道與殺人放火的歹徒也可宣稱自己站在「仁義」的一方。表面上看起來，中國人所謂的「仁義」等同伊斯蘭教的「大義」、基督教的「正義」或日本人心目中的「道義」，但內涵其實完全不同。

追根究柢，儒教有關「仁」的說法自古以來曖昧不清。中國人沒有虔誠的宗教心與內向反省、懺悔習慣，常掛嘴邊的「仁義道德」因此產生強迫性格，越是僞善的人越拼命講「仁義道德」。中國人之間無法平等坦白地討論怎樣才是最佳道德，沒有對話，於是人們要不是變成僞善者，不然就是完全不關心別人、不關心社會地「獨善其身」。但絕大多數中國人終究無法獨善其身，他們幾乎都受到儒教的仁義道德掌控和壓制，良心被摧毀，也就理所當然了。

至今中國人沒有良心，並非人民共和國的社會主義政權高喊「人民專制」、「生存權優於人權」所致。也就是說，共產獨裁政權不是中國人沒良心的主因，而是中國人早已過度世俗化，掌權者也用僞善方法強迫規範，要民眾信奉「仁義」等世俗的倫理道德。結果是，人人陽奉陰違，滿口仁義道德，行爲卻毫無良心，因爲他們的良心早被儒教道德給吃掉了。

【第二章】

《論語》所討論的題材

一、歷史上有關《論語》的各種探討

如何才能正確閱讀、掌握儒教聖典《論語》，自古以來就是中國甚至是日本倫理哲學的關注焦點，因此產生許多注釋、注解，即使如此，至今仍眾說紛紜，難有定論。

當然，這主要是因爲《論語》記錄教祖孔子與眾門徒之間的對話，加上如前所述，《論語》成書時間是孔子過世多年後再傳弟子的時代，關於孔子的言論，弟子與再傳弟子們難免會加油添醋，甚至孔子曾否講過那些話，都有問題。

《論語》的內容與意涵，歷史上有很多學者做過考證，並且撰寫如下注釋書籍：

①《張侯論》：前漢末期學者張禹所著，比較魯論、齊論、古論三種《論語》傳本，挑出魯論與齊論進行對照與校訂後形成的傳本，廣泛流傳於後漢。當時鄭玄的《論語》也有很多人閱讀。

②《論語集解》：魏國學者何晏收集漢代孔安國、包咸、周氏、馬融、鄭玄、魏

國陳群、王肅、周生烈等八家《論語》相關見解，並且注釋而成（二四八年），是現存最早的《論語》注釋書，奈良時代傳到日本。

③《論語義疏》：梁朝學者皇侃收集何晏《論語集解》等《論語》讀解加以注釋而成（五四五年）。本書於中國南宋亡佚，江戶時代日本人校刊、復刻（一七五〇年），逆向傳回中國。

④《論語正義》：北宋太宗勅令學者邢昺寫成（九九九年），此書與唐朝人編撰的《五經正義》，成爲宋代科舉考試公認教材《十三經注疏》。

⑤《論語集注》：南宋朱熹（一一三〇～一二〇〇）所注。到了元代，成爲科舉考試正式教材。

⑥《論語正義》：清末學者劉寶楠（一七九一～一八五五）根據劉家傳承三代的《論語》研究寫成，是清代考證學（考據學）集大成之作，評價頗高。

《論語》傳到日本的過程，一說認爲是在應神天皇時代（二七〇～三一〇），百濟有名叫王仁的博士攜此書呈獻天皇，這是目前日韓雙方教科書的共同說法。不過，王仁博士出身不明，沒有任何中國、韓國或日本歷史書籍記載他的事蹟，有人認爲這位謎樣人物純屬虛構。另外，鎌倉時代傳到日本的朱子著作《論語集注》，早已成為宋朝學術正統，進入日本之後，同樣受江戶幕府肯定，取得類似「國學」的地位，但並未「獨尊」。

相對於以上中國的《論語》注釋書籍，日本人也有如下注釋作品。

⑦《論語古義》：伊藤仁齋（一六二七～一七〇五）著。將《論語》分為上下十篇，逐一進行注釋，並提出許多劃時代的見解，受到高度好評。仁齋這本書指出許多朱子論語注釋上的誤謬，尤其朱子根據理性說解釋《論語》，扭曲了《論語》眞意。中國清代考證學盛行，許多學者都注意到仁齋優異的洞察力與卓見。

⑧《論語徵》：荻生徂徠（一六六六～一七二八）著。徂徠最重視「徵於古文」的古典研究方法，特別著重「古語與古義」，和朱子、仁齋明顯不同。前述劉寶楠撰寫的《論語正義》，也引用徂徠的看法。

⑨《論語集說》：安井息軒（一七九九～一八七六）著。擔任江戶儒官的息軒，考證日中雙方《論語》注釋書籍寫成，堪稱《論語》研究及各家注釋之集大成者。

明治之後，日本思想文化發展和清末中國完全不同。比如，清末出現基督教系太平天國與白蓮教系捻軍內戰，儒教在廣大反政府地區遭受嚴重打壓，大量儒教經典被焚、被禁，孔廟及孔子子孫墳墓遭受破壞。二十世紀，五四運動與文革「破四舊」、「批林批孔」等，都使儒教遭受嚴重打擊。

與此同時，日本卻有許多人熱衷研究與注釋《論語》，深度廣度遠遠超出中國學者。比如，明治初期出版、豪商澀澤榮一撰寫的《論語與算盤》，明治之後更有大量的《論語》研究或注釋，最著名的包括：《論語與孔子思想》（津田左右吉）、《論語》（金谷治）、《論語的研究》（武內義雄）、《論語新研究》（宮崎市定）、《論語講義》（諸橋轍次）、《論語》（吉川幸次郎）、《論語》與《孔子與論語》（木村英一）、《論語新釋》（宇野哲人）、《向論語學習》（安岡正篤）、《論語的讀法》（山本七平）、《論語》與《論語再說》（加地伸行）、《一般人讀論語卻不懂論語》（阿川弘之）、《論語總說》（藤塚鄰）、《孔子傳》（白川靜）、《論語──心之鏡》（橋本秀美）。

這些著作很多具有非常高的品質、非常深的深度。

二、孔子講的「道」究竟是什麼？

今天中國人甚至日本人常掛在嘴邊的「倫理道德」與「仁義道德」等用語，最初定義與內涵和現在並不相同。追根究柢，所謂「道」，是指一種公共性概念，「德」則是私人領域。中國有「私德」或「公德」的說法，但無「私道」。因爲「道」指「公」的範圍，不像「德」指涉「私領域」，後來才出現對照性的「公德」。至於「倫理」，在中國最初是指「社會規範」，也有「風俗習慣」的涵義。當然，「道德」與「倫理」並非最基礎的思想概念，這兩個概念之上，還有更根本、更重要的「宗教」。

「道」可說是老子與莊子的根本思想，西方人翻譯這個字通常直接拼音「TAO」。至於「道」所代表的老子與莊子思想，和孔子思想有何差異？簡單講，老莊等道家所謂的「道」，強調公領域概念。反之，孔子思想講的都是「私德」，兩者根本不同。另外，如前所述，「道」與「德」的概念定義和指涉範圍都不相同，孔子被老子批判，還是大談特談所謂的「德」甚至「道」，但他總是將兩者混爲一談。

反之，老子強調「天地不仁，以萬物爲芻狗，聖人不仁，以百姓爲芻狗」、「大道廢有仁義」、「上仁爲之而無以爲」、「失道而後有德，失德而後有仁，失仁而後有義」，以及「絕聖棄智，民利百倍」、「絕義棄仁」。以孔子爲教祖的儒者集團，爲何喜歡宣揚「仁義道德」？當然不只徒子徒孫，孔子本人也喜歡把「德」與「道」常掛嘴邊，比如：

■子曰：「朝聞道，夕死可矣！」（里仁第四）

能聽到並掌握「道」，即使馬上死了也了無遺憾。這是朱子的解釋。不過這種解釋是否正確，我相當懷疑。

■子曰：「邦有道，危言危行，邦無道，危行言遜。」（憲問第十四）

如果一個國家有按照正確方針施政，學者就可坦率表達意見。若一個國家沒有好的施政方針，學者最好謹言慎行。

■子曰：「篤信好學，守死善道。危邦不入，亂邦不居。天下有道則見，無道則隱，邦有道，貧且賤焉，恥也，邦無道，富且貴焉，恥也。」（泰伯第八）

儒學者應堅持信念、致力學術，至死捍衛自己所相信的正確道理。思想與政治混亂的國家不要去，不要久留，當國家治理上軌道，我們應該出來貢獻己力，反之則應隱居。如果國家治理順當，儒學者卻貧且賤，便是可恥；如果國家陷入混亂，統治方法毫無道理可言，學者卻富且貴，也很可恥。

不過，孔子冀望的「有道」國家未曾出現，因此他宣稱「天下之無道也久矣，天將以夫子為木鐸」。「木鐸」是中國古代政府宣布法令前用來敲聲響、聚群眾的大鐘，引申為「負責教化民眾的人」。如此自抬身價，說自己是上天派來開導、教化人民的權威，但孔子是否眞的了解「道」的內涵與意義，值得懷疑。比如，孔子宣稱夠格引導、教化民眾的人叫作「君子」，但有關「君子」的定義卻語焉不詳，翻來覆去。

■子曰：「士志於道，而恥惡衣惡食者，未足與議也。」（里仁第四）

如果儒學者發心弘揚自己的思想，卻厭惡粗衣粗食，那一切都是講假的。

■子曰：「君子謀道不謀食，耕也餒在其中矣，學也祿在其中矣，君子憂道不憂貧。」（衛靈公第十五）

致力能實現「道」的「君子」，不會一直想自己能否吃飽。從事農耕工作的君子也可能吃不飽，但只要認眞做學問，仍可得到官職俸祿。作爲君子，唯一關心的應該是「道」能否實現，貧窮不應放在心上。

■子曰：「參乎！吾道一以貫之。」曾子曰：「唯。」子出。門人問曰：「何謂也？」曾子曰：「夫子之道，忠恕而已矣。」（里仁第四）

孔子對弟子曾參說，「我的道有貫穿其中的東西」。曾子點頭，「了解」。孔子沒說什麼就走出房間，其他弟子問曾子：「剛剛你和老師談話，意思是什麼？」曾子回答：「老師講的道，重點不過是『忠恕』罷了。」也就是說，曾子認爲孔子講的「道」，從頭到尾重點就是「忠恕」，正是「仁」這個概念。

由此看來，孔子「朝聞道，夕死可矣」的「道」，指人們應遵循的社會準則，也就是仁義等倫理原則。這些原則，正是儒教倫理「齊家」、「治國」、「平天下」等「大同之道」的道理與規範。

■ **君子之道三，我無能焉。智者不惑，仁者不憂，勇者不懼。**（憲問第十四）

這段話顯示，孔子針對「君子之道」做了定義，卻又宣稱「我做不到，達不到這樣的境界」。或許孔子認爲，「君子」並非「得道者」，而是「求道者」，自己既不是「聖人」也不是「君主」，因此必須不斷進行「道」的鑽研。

■ **道之將行也與，命也，道之將廢也與，命也。**（憲問第十四）

孔子認爲，「道」的追求與實現，非人力所能控制，其興廢都繫於天命。亦即，「聖人之道」與「先王之道」能否實現，得看老天爺安排。上天透過先王傳授給人們的「道」乃至於所有制度，都應照天意的方向走；身爲人，了解天命與天道的唯一方法，則是實踐「仁」。走「仁」這條道路，可說是儒教的根本思想。

儒家與道家的根本差異，可以說是思考方法，前者偏「人爲」，後者偏「自然」。中國成語「人定勝天」顯示，中國人自古支持極端的「人爲」主張，認爲人的意志、決心與努力，可以打敗、贏過天意。

倒是，孔子在《論語》中一再強調「天命」、「天運」，感覺很「無力」。事實上不只孔子，中國人普遍有這種思維傾向，認爲自己「沒辦法改變什麼」，事情多半「聽天由命」、「看開」，佛教用語「諦觀」也常被中國人引用。

《論語》「述而不作，信而好古」，完全象徵中國人的性格。千百年來，中國人養成這樣的思維習慣，喜歡「背誦道理」而不思考、創作。「述而不作」的「述」，和《論語》「學而時習之」的「學」概念相通，都有抄襲的概念。我高中時期在台灣受教育，國文教師上課總是一味地要我們背誦《論語》、《孟子》等古文，而不教導思考、思辨的方法。國文老師常說「千古文章一大抄」，指出中國許多古代文學作品抄來抄去，因此，我們寫作文不妨多引用古人辭句。

這類行爲顯示，儒家教育並不鼓勵思想的思索、創新，反而重視「跟別人『學』（模仿），抄別人的就好」。所以，今天中國成爲仿冒與剽竊專利大國，可說其來有自，那就是《論語》「述而不作」的概念與主張。孔子一再強調「先王之道」的重要性與價值，卻又說道的源頭也就是「天」，人們根本無法理解其內涵。《論語》洋洋灑灑從各個角度解釋「道」，結果卻是不斷繞圈子，從來不曾說清楚、講明白。

流風所及，超過二千年受儒教「薰陶」的中國人，變成缺乏創意、到處剽竊別人作品與專利的民族。另外，孔子的政治思想，所謂「有德者能受天命而成爲天子」，這種「易姓革命」的觀念，其實是如假包換的「強盜理論」。因爲叛亂者與侵略者都可宣稱自己「受天命」、「有德性」，擁有叛亂與侵略的正當性。但很不幸，這類詭辯已成爲中國人的國魂。許多西方學者認爲，尼采思想是德國納粹黨的思想基礎，而我發現，納粹作風和儒教思想有相當高的同質性。因此，如果納粹思想應該受到批判，我們怎能用不同標準來包庇、包容儒教思想？某些批判納粹思想的學者雙重標準地擁護儒教，只能說他們對東方思想太無知。

三、「道」的根本內涵

儒教信徒與儒學者口中的「道」，和老莊所謂的「道」乃至於佛教的「道」，甚至日本人心目中的「道」，彼此之間其實有很大差異。儒教定義的「道」，主要是指以「仁義道德」爲主的社會道理，是人們日常生活可以參考的行爲準則，也是人類社會組織運作應遵循的道理準則。

這些道理準則，不只個人應遵守，同樣適用於國家、天下。孔子強調「治國之道」應由個人出發，首先，個人須做到「正心、修身、齊家」，進一步就可以「治國、平天下」。亦即，孔子所謂的「道」，乃是人們小從個人大到國家，不同範圍與場域都應遵守的行爲準則。

只是，說得好像很完整、令人感動，當所有人都遵循「道」、實現「仁義道德」，不僅個人「修身」，國家也能太平安樂。然而，仔細探究其實都是一堆口號，不切實際。更何況，孔子許多政治主張立論錯誤或自相矛盾，怎麼看都只能說是「有名無實」。而且，正因爲孔子光說不練，結果影響中國人產生獨善與僞善性格。

另外，中國道家始祖「老子」倡導「道」的重要性。老子認爲，「道」是世界誕生、運作的根本道理，天地創造之際就已存在，並且是「萬物之母」，所以《老子》主張「人法地，地法天，天法道，道法自然」。

老子這段話的意思是，我們的言行應參考存在於大地的各種準則；而大地運作參考天的準則；天的運轉遵循「道」的準則。歸根究柢，道家主張人們一切行爲與思索都應遵循自然的道理，因爲萬物萬象背後都有共同根源，以及從來不變的眞實道理，這些道理統稱爲「道」。廣泛說來，就是「自然與世界運轉的秩序與規則」。

《老子》一書敘及「道可道，非常道，名可名，非常名」。老子撰寫《老子》這本書、探究「道」的概念內涵時，應該有先意識到儒教講了很久的仁義、忠信與孝行等倫理道德的「道」，但老子的「道」並未侷限在道德的德目範圍內。他說：

> 大道廢有仁義，智慧出有大僞，六親不和有孝慈，國家紛亂有忠臣。

老子主張：

絕聖捨智民利百倍，絕仁捨義民有孝慈，絕功捨利無有盜賊。

老子的看法是，強調聰明才智、道德乃至於忠臣、智者，都代表該社會與時代有問題，他建議人們最好不要把道德德目掛在嘴邊、拼命說教，「絕仁棄義」才是最佳做法。

但「絕仁棄義」只是負面表列，老子的「道」內涵何在？確實值得探究。深入探究後發現，老子所謂的「道」，不但是萬物運作的根源動力與準則，而且作用範圍無遠弗屆，一切都受其規範。亦即，「道」是支配所有現象的根本道理，人們只靠視覺、聽覺與觸覺等直覺，無法掌握道的眞實存在與內容，必須在超越這些知覺更高次元的地方，才能體會、了解道的眞相。

從另一個角度看，因爲「道」是萬物存在與運作的根本道理，早已內化於萬物，所有物項都自然而然展現「道」的存在。從某個角度看，道無所不在，但也無法針對局部現象與狀況說這就是「道」。因此，許多人把「道」理解成「無」，但「道」並非空無一物、一無所有。

天地萬物生於有，有生於無。

有與無，大與小，始與終等相對性概念進入更高次元而統一，就是「道」。老子常用水做比喻，說明「道」的內涵。

上善若水。水善利萬物而不爭，處眾人之所惡，故幾於道。

同樣講述人間與宇宙的根本道理，老子的「道」和儒教「仁義」、佛教「慈悲」、基督教「博愛」都不相同，簡單講就是更加否定一切「人爲」價値，強調回歸無爲、自然的重要性。莊子指出，道不只存在於美麗事物乃至於人們的理性，卑小骯髒的事物也都符合「道」的規範。因爲骯髒的、渺小的動植物等，也是大自然的一部分。所以，實現「道」，最重要的是捨棄人爲，回歸自然，這是老莊思想與主張的最高目標。

反之，儒教強調人世間與大自然的「道」源自「天」，掌握「天道」的唯一方法是「仁」，這和老子的主張完全不同。老子宣稱「天地不仁」，他不認同「天」的存在，並且認爲不可能存在一開始就擁有目的意識的「天」，更不可能由天掌控宇宙與人間社會的一切。正因爲無人能掌控，道家主張無爲，追求「虛無恬淡」，最厭惡人爲。

當然，老莊有時也會提到「天」，但其概念不像儒教代表萬事萬物的根本道理，而只是「天地萬物」的一環，「道」有時也稱爲「天道」，只要深入探究「天」存在的道理，探討自然運作法則，就能發現、了解「道」的內涵。亦即，道家的無、天、萬物、自然等抽象哲學概念，都可和「道」連結。

不只儒家與道家的「道」內涵不同，佛教思想的「道」也頗有差異。佛教思想最核心的「道」包括「末伽（marga）」、「趣（gaei）」、「菩提（bodhi）」等。

【末伽】　最終目標是抵達「涅槃」境界的修行之「道」，也是去除煩惱、解脫之「道」。

【趣】　這是不同階段修行抵達的境界，也是不同的「道」。輪迴是佛教基本思想，人類在不同的「道」之間來來回回，其中包括「三道」（惑、業、苦）、「五道」（地獄、惡鬼、畜牲、人、天）、「六道」（五道加上「阿修羅」）等。我們每個人都會根據自己所造的善或惡業，走不同的「道」。

【菩提】是指能讓我們掌握最高眞理智慧的「道」。這和儒家強調仁義道德以及道家追求「無」的哲學不同，佛教強調人類都應修行，最好往佛之「道」前進。但「佛」是什麼？「眞理」是什麼？對於許多人而言，非常空泛、難以捉摸，具體可行的是抱持平常心，日常生活實踐、追求「佛道」。具體做法比如鍛鍊技藝，進行「文道」或「武道」琢磨。日本人相信，只要全心投入各種技藝與文武之道，就是修行，也就是「佛道」。日本人重視的各種「道」，其實和「佛道」互通。

日本人認爲，「道」有不同涵義，既有文與武的花道、劍道等，也有「鬼道」、「神道」、「明經道」、「武士道」；儒家與道家宣揚的「天道」、「人道」與「王道」，甚至「霸道」，都屬日本人認知的「道」。

中文「道」這個字一開始指「道路」，後來出現「天道」、「人道」等用語，代表形而上世界、天地萬物法則與社會的根本規範，並且包括爲人處世應遵循的道義與道德。這正是孔孟的「儒」、老莊的「道」所追求的「大道理」。

相對的，日本人認知並且追求的「道」，不像中國人那麼侷限於空泛的「人世間大道理」或者「虛無飄渺天地自然之道」，而是務實地強調「修道」的重要性。所以，僧侶、劍士等專業人士必須不斷修行、追求技藝精進，各行各業都要建立「修道」的方法，長期實踐。這是日本人精神鍛鍊的方法，茶道與花道乃至於劍道、柔道等，所有「藝道」或「武道」都是具有日本特色的傳統文化。換言之，「道」已成為日本文化的基礎與精髓。

反之，儒家與道家追求的「道」虛無飄渺，遙遠而難以達成；日本人重視諸藝諸能，專注提升專業能力地修行鍛練，確實是「道」的最佳實踐。正因為專業技能當作「道」的實踐，所以日本人開發各式各樣精湛、具有特色的專精技術。

確實，日本人喜歡把自己所從事的工作當作一種「道」，謀生過程等於「求道」，他們總是進行嚴厲修煉與實踐，全心全力追求專精，藉此提昇精神高度。正因為專注與持續努力，不僅能完成、實踐「道」，更能了悟眞理，甚至「開悟」。日本人認為，「開悟」簡單講就是發現、掌握「道」的共通理念與原理，內在的「心」與外在的「物」合為一體。

日本人求道方法不只鍛鍊技藝，就像有人走大馬路，有的人走「奧之細道」（小路），除了專業領域，神道、佛教等宗教乃至於文武諸藝諸能，也產生許多流派。

各宗各流各派比的是誰「理、法、美」境界更高。其實相同，就是希望更精進、提升「道」的境界與內涵。在此過程中，不同流派比賽誰「更好」、「更優」，也就大大提升日本文化的層次與深度，形成日本文化特色。可見，日本人喜歡相互競爭、提昇技藝，確實是最好的「道之精神」。

日本人展現「道之精神」不勝枚舉，各行各業乃至於各種身分，日本人自古以來重視「求道」、「修道」與「得道」。比如，和歌有西行，能樂有世阿彌，繪畫有雪舟，連歌有宗祇，茶湯之道有千利休，俳諧（俳句）有芭蕉等等，這些藝道爐火純青的專業工作者，就是偉大的求道者。

後來明治維新開國，日本人全力追求「文明開化、殖產興業」，「求道精神」更是完全發揮，很快就做出性能遠優於西洋的零式戰機等先進科技產品；戰後ＩＣ產業、機器人等高科技產業，同樣引領全球風騷。

探討日本人追求「道」的原因，爲什麼日本人普遍擁有提升自我技藝的「求道精神」，我想根本原因是日本人受佛教影響，用「心」的角度與方法理解佛教的「道」，並且全力實踐。正因爲千百年來持續進行「心」的鍛鍊，十九世紀接觸西洋文明核心的科學技術，就能迅速理解、吸收，甚至青出於藍。

技能與科技精益求精，抵達「究極」境界，當事人的精神發展就會進入類似「得道」、「開悟」的狀態。總之，今天日本人熱衷開發最先進科技，背後心理和以往鑽研花道、劍道沒兩樣，完全就是「心」與「匠」的精神。

四、「德治」真的可行嗎？

不只中國，日本人近來討論政治發展也常使用「王道」或「霸道」用語。當然，所謂「王道」以及對比的「霸道」，都是儒教思想的政治用語。「王道」指用「德性」推行政治；「霸道」則以蠻力掌控政治。當然，儒家理想是「王道」，用道德統治國家，追崇古代傳說的堯、舜、禹超高品質的「禪讓政治」。但那終究只是傳說，現實上各個王朝爭奪王位或逐鹿天下，幾乎都是血流成河。王莽的「新朝」到六朝時代，易姓革命之際都出現「禪讓」儀式，也只是表面功夫，不曾出現類似古希臘的民主政治。

翻開中國政治史，數千年來中國人的「治國之道」，只有「王道」或「霸道」兩種選擇，卻不曾「以民爲主」。即使來到二十世紀，企圖推翻清朝建立國民國家的革命志士，也都只想建立另一個政權，心中不存在眞正的「民」與「民道」。中國政治千百年來確實非常欠缺多樣性。

儒家思想探討「王道」與「霸道」的差異與優劣，卻不談「法治」，而是一味地強調「德治」。所謂「德治」，就是「有德者」可承受天命成爲天子，取得統治萬民的正當性。易姓革命掌握天下的君主都把這番道理端出來覆誦一遍，結果中國至今還是無法擺脫「人治」模式。

不講法治，只強調「德治」可行嗎？先講結論好了，漢武帝以來，中國歷朝歷代宣傳、實踐所謂的「德治」，成果無非就是你知我知的極權專制，就連王莽企圖建立堪稱「儒教含金量最高」的「新朝」千年帝國，也不到幾年就垮台並導致天下大亂。可見儒家「德治」根本是不可靠的政治語言與統治原理。

現代中國學者都不得不承認，儒家所謂的「德治」絕不可能實現，因爲那只是「講好聽話」、「表面功夫」。宣稱德治可有效統治的儒家，即使受歷朝歷代皇帝重視，說來其實是「陽儒陰法」、「外儒內法」。無法治，國家難以統治，即使如此，中國統治者還是拼命表演式地將儒教訂爲國教，假裝自己是「儒教國家」。爲何中國人喜好這樣掛羊頭賣狗肉，背後原因何在？追根究柢，始作俑者就是孔子。因爲孔子的《論語》不斷鼓吹「德治」。

■ 子曰：「爲政以德，譬如北辰居其所而眾星共之。」（為政第二）

君主若能實施德政，就會像北極星那樣端坐不動，眾星就自動和諧地圍繞、聚集他身旁。

■子曰：「道之以政，齊之以刑，民免而無恥，道之以德，齊之以禮，有恥且格。」（為政第二）

一味地用「法」統治人民，人民會拼命找漏洞甚至犯法，變成毫無羞恥心。反之，若能用德性引導、教化民眾，用禮加以規範，民眾就會產生羞恥心，行爲端正。

德治是儒教教典《四書五經》最重視的部分，有非常多說明；孔子最具體強調的是「禮」與「仁」兩種德性，儒教因此可稱爲「禮教」與「仁治」。《論語》針對「禮教」與「仁治」有大量討論，《四書五經》的《書經》、《禮記》也有不少篇幅探討這部分。其中，影響力最強的可說是《春秋》。

「德治」這種政治思想主張如何運作？儒家政治的「統治」方法爲何？儒家認爲，

「天子」皇帝都應當是承受「天命」的「有德者」，而且父子相傳。地方官僚則採取任命制，中央派到地方的官員聽不懂當地方言，由「吏」（約僱人員）擔任通譯。

中國科舉始於隋唐，宋朝開始全面實施科舉制度，到清末為止，總計長達一千三百年，其弊害可說遠比秦始皇焚書坑儒更嚴重，因此受到嚴厲批判，終於在一九〇五年廢止。

科舉考試有非常多弊害。比如經常有人作弊，但更嚴重的是「限定教材」，也就是考試內容侷限在《四書五經》及其注疏，一味地認定「文章乃經國之大事」。

為何中國人或中國統治者認為「官員只需會作文章即可」？背後原因是中國人相信「半部論語治天下」。其結果是大批官員只會作文，卻完全忽略理科與武術訓練的重要性，久而久之，導致中華文化與文明進入接近安樂死、窒息死的狀態。千百年來，中國人為了仕官、登龍門而參加科舉考試，實質上已葬送了這個國家健康發展的可能性。

隋朝之前，中國統治者選拔官員採用不同標準，從漢武帝定儒教為國教後，一直到六朝的數百年間，主要用「舉孝賢」選拔官吏。這是根據《書經》所訂的統治策略，出了名的孝子與賢人就能當官。

但後來得到「孝子」或「賢人」名聲的都是豪族子弟，直到宋朝全面實施科舉考試爲止，從漢朝到唐朝的中國官員基本上都出身豪門與貴族。至於，到處宣揚「德教」與「禮教」的儒教教徒，在漢武帝「獨尊儒術」後，表面上地位提高，但儒教徒未必就能擔任官員，還是只能從事原先專長的婚喪喜慶的司儀工作，等於被統治者晾在一旁。

就政府「智庫」與「人才庫」的角色而言，儒家所能發揮的空間有限。早在春秋戰國時代，五百年間中國的思想發展百花齊放，各家各派奮力爭取國君支持，其中以法家、兵家與縱橫家最受歡迎。至於滿口「仁義禮智」等德治論的儒家，常被視爲「只能逞口舌之辯」、「曲學阿世之輩」，看起來有「學問」，卻被敬而遠之。其中，當然也包括孔子以及後輩孟子。

總之，儒家發展其實不風光，特別是秦始皇實施「焚書坑儒」，五代十國、蒙古人統治的元朝，以及十九世紀後半山東捻亂毀壞孔子宗廟與孔家墳墓群，孔家子孫也大量遭受屠殺。

長期以來，儒教集團在朝鮮半島也頗有勢力，但製造的災難也不少。比如李朝時代，爆發所謂的「大禮論爭」。話說朝鮮半島二千年來一直是漢人、韓人、倭人、北方通古斯人匯聚之處，彼此鬥爭，也註定這個國家不斷上演政爭內耗的宿命。

新羅到高麗、李朝三個朝代，眾多君主一半無法天壽而終。其中李朝官員激烈的朋黨之爭，更堪稱「朝鮮特產」，整個朝代五百年，官吏不斷分派鬥爭，歪風延續到二十世紀日本統治時代，掀起各種「茶壺內風暴」。二次大戰後的「民主國家」南韓，其實也是朋黨之爭、內耗不斷。

沒完沒了的朝鮮政爭之中，最荒謬可笑的可說是所謂的「大禮之爭」。起因是李朝某王妃過世，服喪期間應三年還是五年，不同黨派彼此攻訐、激烈爭論。

帶頭發動論爭的是「大儒」官員。身爲國家棟樑的他們理應專注政事，沒想到忘了國家大事，卻在服喪三年或五年這種芝麻小事上斤斤計較、激烈互鬥，朝廷一片混亂；最後國王裁決，失敗者遭受誅連三族之禍，被處凌遲、絞刑或賜死。沒被殺害的，也都判處流刑或淪爲奴婢。

國王的老婆過世，官員該服喪三年還是五年，一點也不重要，朝鮮迂腐的大儒官員卻認爲此乃「大義名分」，「退一步即無死所」。這樣堅持莫名其妙的「德治」，只能說儒者腦袋眞是與眾不同，迂腐愚笨到可憐的地步。

五、「修身」與治國能力是兩碼事

儒家認為「修身」是「德治」的根本方法，但環顧全球，恐怕只有儒家有這種政治思想和主張。早期朝鮮與日本也有一些人受影響，比如，日本江戶時代以及維新開國之後，某些思想家支持儒家的「德治論」。

前述，「德治論」認為能「修身」，就能進一步完成「齊家、治國、平天下」的目標。這套理論由南宋時代朱熹集大成，「朱子學」也傳到日本，成為江戶時代的幕府官學。

儒家「修身」主張的具體做法為何？這部分在朱子學所重視的經典，也就是科舉考試教材《四書五經》的《四書》之中，有詳細說明討論。所謂《四書》，是指《論語》、《孟子》、《大學》、《中庸》四部著作。科舉時代，中國人從小就得背誦《大學》，以及《論語》、《孟子》和《中庸》。

其中，《大學》開宗明義指出，大學之道在於「明明德」，也就是闡述「德」的內涵。這本書又指出「治國」的理論策略，就是「格物、致知、誠意、正心、修身、齊家、治國、平天下」，儒家認爲這套作法可做爲統治的範本與藍圖。

《四書》是儒教經典代表作，但語氣與內涵有太多模糊之處，所以如前所述，中國歷代出現各式各樣相關注釋，其中堪稱集大成的是朱子。朱子根據來自佛教思想的理氣之學重新注釋《四書》，成爲《四書》注釋「最佳範本」。

但《大學》這部有人說是曾子或子思所寫的書，其實是被朱子列入《四書》才普及開來。朱子認爲，儒家治國理論就是修身理論，也就是「大學之道」，得先做「格物致知」的學問，然後「誠意正心修身」，之後就能「齊家、治國、平天下」地管理別人，統治國家。

另外，《中庸》據說是孔子之孫子思爲了對抗老莊道家而寫。《中庸》主要主張是，爲人處事應避免極端，最好的境界與做法是「天人合一」。子思認爲，「誠者，天之道也」，也就是人與萬物的本性都是「誠」。

子思又說，「誠者，不勉而中，不思而得。從容中道，聖人也」，也就是誠本身代表「天人合一」、「物我一體」。因爲誠代表「中道」，所以《中庸》這本書最重要的主張是「中」，也就是「不偏不倚」地擇善固執。

《大學》訂出「修身、齊家、治國、平天下」的順序，實際做法又是如何？具體方法是什麼？孔子的解決方案是智仁勇「三德」，孟子則是仁義禮智「四德」；董仲舒強調仁義禮智信「五常」，宋代的朱子強調格物致知，明朝王陽明則宣揚「心即理」、「知行合一」。但話說回來，真的做好「修身」、「齊家」，就能達到「治國」、「平天下」的目標嗎？也就是一個人只要有教養，就能帶動整個國家政治上軌道嗎？我們不妨看看中國歷朝歷代政治發展，仔細驗證這套「修身論」政治主張的合理性與成果。

答案很明顯，就是impossible。也就是，不論如何宣揚、實踐「修身」、「齊家」主張，也無法達成「治國」、「平天下」的目標，不只朝鮮歷代國王約半數死於鬥爭、不得壽終，政爭內耗狀況較少的中國，也有三分之一皇帝被君側刺殺、毒害或其他原因「不得好死」。

而且，這「三分之一」只列入正史承認的皇帝，如果加計自稱皇帝或草莽英雄豪傑篡奪皇位者，被殺害的「皇帝」比例就更高了。不只皇帝遭殺害，皇子們爭奪地位而相互砍殺、屠殺的狀況，歷代屢見不鮮。經常一次皇位爭奪戰，就導致數萬人慘遭滅門殺身之禍。

這種情況不只出現在孔子的春秋戰國時代，秦始皇建立中國帝國二千多年來，血腥上演皇位爭奪戰根本就是常態。不要說「暴君」，就連有些公認的「明君」，也擺脫不了以暴力取得「天命」的中國皇帝「宿命」。

最明顯的例子是號稱中國首席明君、「貞觀之治」的唐太宗。唐太宗治理國家有一套，是日本人心目中「天子的模範」，但爭奪皇位時，太宗發動「玄武門之變」，殘忍殺害兄長皇太子與弟弟齊王。爲了斷除後患，兄弟家族及其支持者數萬人皆格殺勿論，他又逼父親高祖李淵退位，成爲上皇，然後登基，掌握朝政。

今天許多中國人崇拜的漢武帝南征北伐、大大擴張中國版圖，但連年征戰導致全國人口死亡近半。此外，武帝年老時皇子爭權，長安城內公然開打，導致數萬軍民喪生。

所以，綜觀中國各朝代，其實沒有做好「修身、齊家」，再循序完成「治國」、「平天下」的「明君」，就連孔子尊敬的魯國開創者「周公」也不例外。

話說周武王也就是周公之兄過世後，武王之子成王即位，但因年幼，由周公攝政，周公同母兄長管叔鮮與同母弟蔡叔度不服而叛變（三監之亂），周公加以鎮壓、誅殺首謀者。有人考證指出，周公曾藉此即王位。周公在「維護王位」過程中，其實殺害不少自己的兄弟與親戚。

孔子一再頌揚的管仲，是齊桓公時代著名宰相，具有「攘夷」功績。但管仲私德其實不佳。可見儒家拼命把「仁」、「禮」等「德政」和政治統治劃上等號，現實並不可行，幾乎沒有成功例子。

這證明，儒家只會講不著邊際的空幻理論與理想，吹噓「修身」、「齊家」就能「治國、平天下」，中國歷代呈現的事實剛好相反，許多「明君」都是摧毀、屠殺親人朋友才能掌握政權。太多例子證明「德」與「政」是兩回事，儒家的政治主張根本「一派胡言」。

六、「性善」或「性惡」乃人類史上最蠢論調

儒家探討道德教育時喜歡問「人性是本善還是本惡」，但即使爭論二千年，還是各說各話。話說回來，爲何探討人性時只能侷限於「性善」或「性惡」兩種選擇？非常簡單的感覺，那就是儒家「很笨」。

儒家思想特別是「性善性惡論」，堪稱中國思想史、精神史與文化史，甚至是人類史上最愚蠢的論調。即使如此，國家和民族還是很認眞，不弄清楚「性善或性惡」這個問題，絕不善罷干休。

儒家「性善或性惡」學說，發起者是孟子與荀子。孟子（紀元前三七二～前二八九年）根據《詩經．大雅．蒸民》的說法主張「性善論」，強調人性本善。他的論述根據是：

①惻隱之心，人皆有之。

②羞惡之心，人皆有之。

③辭讓之心，人皆有之。

④是非之心，人皆有之。

孟子發現人有這些本性，因此主張人人天生都是「性善」。具體的講，「惻隱之心」代表「仁」，「羞惡之心」代表「義」，「辭讓之心」代表「禮」，「是非之心」代表「智」。孟子認爲，每個人都有「仁義禮智」四種本性，這便是所謂的「四端說」。

這樣的性善說，對於「惡」卻定義模糊，也沒說明惡的根源何在？按照孟子說法，人類本性都是善良，因爲追求慾望，善良被遮掩才淪爲「惡」。這樣的解釋顯然過於簡化，欠缺合理性。

首先，善惡標準人人不同，可能老爸覺得「惡」的事物，兒子覺得「善」。人們主觀的「善惡」，判斷容易偏頗，因此得建立客觀的評價標準。

爲了彌補這項理論漏洞，同屬儒家的荀子（紀元前三一三～前二三八年）主張，善惡的標準無法由人制定，應由超越人類的神也就是「天」、「天命」決定，理由是：

①人天生喜歡憎恨、忌妒別人，放任這種想法發展，容易變成危害他人，行爲缺乏眞誠。

②人天生喜歡看美麗物品，聽好的聲音，而且有性慾，但放任這些行爲發展，容易行爲失控，喪失禮義道德與判斷力。

簡單講，荀子認爲人會做壞事，乃是受慾望驅馳、擺佈所致。確實，無法控制自己慾望、任性的人容易和別人產生爭端，破壞社會規矩與秩序。所以荀子指出，必須藉由禮與義的良好教育導正人們，避免沉溺於慾望，社會才能和平穩定。荀子的主張和孟子互成對比，孟子主張人人都「性善」，發展本性就能產生禮與義的行爲。反之，荀子強調禮與義的教化才能使人爲善，否則人性本惡，只會做壞事。

荀子比孟子約晚五十年出生，大概是孔子第六代弟子，活躍於戰國中後期，也是秦代之前儒教代表性人物之一。同樣是儒家，孟子與荀子的主張卻針鋒相對，一個主張「性善」，一個主張「性惡」，成爲中國二千年來持續爭議的問題。

話說回來，儒家性善、性惡的爭議，其實一點價值也沒有。爲何人的本性不是

「善」就是「惡」、必須二者擇一呢？因爲中國人的思想盲點是凡事喜歡「說清楚、講明白」。早期思想自由、百花齊放的春秋戰國時代，中國人不只「性善」或「性惡」兩種主張，和孟、荀約同時代的告子提出「不善說」；後來也有漢朝楊雄「性善情惡說」，以及唐朝韓愈的「人性上中下三品說」等。

我高中時期的國文老師動不動就要我們搞清楚「人性到底本善還是本惡」，老師的行爲反映儒家的基本觀念，那就是思想準則必須強制定於一尊，否則難以依循。正因爲儒教成爲中國歷代政權的「官學」，久而久之，中國人都形成「非黑即白」、「言論主張定於一尊」的性格。

中國人看待事物喜歡採取「正邪善惡」的標準，認定自己肩負「勸善懲惡」的「天命」，糾正別人甚至摧毀對方。韓國人受這種行爲模式影響，近千年奉行儒教，李朝末期出現「衛正斥邪」運動。二次大戰後的中國與韓國動不動就壓迫日本，要求日本「正確認識歷史」，都是類似行爲模式。

儒教獨霸言論市場，孔子思想成爲中國人的主流意識，老莊思想淪爲非主流意識。儒教信徒不只爭論善惡，孟子與荀子的「性善論」與「性惡論」互不相讓，明朝則是新儒教朱子學與陽明學激烈對抗，相互指責對方「不正確」，都想壓制、統一對方。

類似模式也呈現在中國的外交行爲。戰後中國領導人不斷逼迫日本「給個答案」，「究竟願不願意重新進行正確的歷史認識」，像這樣強迫別人建立某種看法，可說是中國人的惡風惡習。

按照佛教的「宿業說」，人做壞事乃是前世造業導致的結果，是一種「宿命」。亦即，做壞事是前世行爲的果，不是人性本惡，而是任何人都可能「造業」。

佛教有許多宗派，其中，法相宗主張「唯識論」，認爲人們用來認識外界的「六識」是視覺、聽覺、嗅覺、觸覺、味覺、思考能力，另外還有深層掌握自我意識的「末那識」，以及過往經驗累積形成的潛在意識「阿賴耶識」。

阿賴耶識又名「藏識」，是過去經驗的總和，也是一切認識的根本。被「藏在倉庫」的這顆「種子」，一開始無善惡之分，處於「無記」狀態。更精確的講，「無記狀態」有三種性質，「善性」、「惡性」以及非善非惡的「無記」。

佛教不像儒教那樣，動不動就主張「勸善懲惡」，意圖糾正別人，只是客觀找出善惡的原因，認爲善惡都是「緣」所造成。換言之，做壞事的人乃是以前累積或遇到「惡緣」。

所以，佛教不主張「懲罰壞蛋」，日本等佛教國家不會像鄧小平那樣，公開對全世界高喊「出兵教訓越南」，說中越之戰是「懲罰戰爭」。中國從十九世紀中葉的鴉片戰爭到「日清戰爭」（甲午戰爭）、「北清事變」（義和團之亂）大約六十年期間，皇帝與外國開戰時，詔書並未強調「列強侵略中國」，反而說出兵乃是為了懲罰「外夷」。

中國人確實和佛教思想背道而馳。前述，佛教強調善惡是「業」與「緣」的因果，因此善惡本身並非固定，沒有人註定「善」，也沒有人註定「惡」。根本原理乃是「善因樂果、惡因苦果」，也就是所謂的「業報」。

日本佛教大師道元禪師有「善惡三時」說法，〔譯按：道元強調善惡之報有三時焉。三時者，一者順現法受，二者順次生受，三者順後次受，謂之「三時」〕，「不思善不思惡」才是最高境界，根據是非、眞妄、善惡、美醜等做的價值判斷，則不可靠。道元認為，人們「不思善不思惡」之際，才能重現純眞天性，產生好的行為。

古代希臘、印度乃至於日本等國家，都不像中國人那樣喜歡主張「非善即惡」，反而認為「善惡一體」、「善惡一元」。比如，基督教思想有奧古斯都的「善惡相即論」、萊布尼茲的「惡乃善不可或缺條件」（《辯神論》）、康德的「根本惡」以及古希臘亞里斯多德強調的「無知」，這些可說都和佛教「三不善根」（貪慾、憤怒、愚癡）概念相近。

佛教「空」與「無心」的觀念，可說是超越善惡、「非善非惡」的思考模式。日本佛教思想家道元之外，日蓮上人、號稱「捨聖」的一遍上人等宗派，乃至於武士道與國學者們都主張，最高價值是能夠超越善惡的價值。

比如，撰寫《葉隱》的山本常朝主張，「思善即惡，思惡亦惡，善惡皆惡，不思則善」。這是典型超越「善惡」的武士美學，經常出現在詩歌作品。比如，著名僧侶詩人西行、佛教大師空海，以及日本國學者本居宣長都認爲，和歌堪稱是超越善惡、日本特有的「眞言陀羅尼」。本居宣長更指出，日本人壓根兒無法接受儒教「勸善懲惡」的觀念與主張，而是相信道德的根本在於建立「和魂和心」、追求「純與誠」；孔子與儒教重視的「勸善懲惡」則不可行。

七、孔子為何老是強調「天命」、「天」？

孔子、老子、墨子等春秋時代諸子百家，有點像古希臘的蘇格拉底、柏拉圖與亞里斯多德，重視思想辯論。但如果和古印度釋迦摩尼相比，宗教信仰顯然稀薄不少。當然，孔子那個年代，歐亞大陸不論東邊的中國還是西方的歐洲國家，都有許多人抱持多神教精靈崇拜（animism）的思想與信仰。

中國到了春秋戰國時代，比夏、商兩個朝代世俗化不少，即使如此，中國人還是有強烈的天、鬼（祖先）信仰，至今不減。相對的，西洋在文藝復興之後發生宗教革命，清教徒勢力抬頭，思想界出現存在主義等抗拒神的理論。中國和西方到了近代，信仰與思想變成南轅北轍，中國人依舊相信天與鬼，西方人則走向理性。

「天與鬼的信仰」成爲中國人思想與精神的基礎，孔子「德治說」主張「有德者受天命得成爲天子，統率萬民」，就是最好例子。根據這種思考邏輯，天子承受天命統治國家，擁有合理性，這便是所謂的「帝權天命說」與「神授說」。

官方奉行儒教的中國歷代君主都宣稱「天下爲公」，但皇帝們掌控天下眞的是出於「公」嗎？中國皇帝們的統治行爲是「爲公」還是「爲私」？是「公天下」還是「家天下」？不是他們說了算。畢竟就是有太多暴君，中國才不斷推翻政權，改朝換代。儒家於是解釋，失去德性的天子必須藉由易姓革命彰顯天命，特別是孟子之後、漢朝盛行的讖緯思想，更讓易姓革命建立堅實的理論基礎。

後來，五胡十六國到南北朝乃至五代十國以後，契丹人、女眞人、蒙古人與滿州人輪流征服統治中國，儒教理論家如何面對這些政權替換？朱子學與陽明學提出批判夷狄的「衛正斥邪論」，陽明學甚至有「天誅」、「天殺」理論，將虐殺夷狄的行爲正當化。

唐代中國人就有「夷狄禽獸說」與「夷狄半人半獸」主張。宋代之後，儒教信徒不斷強調「夷狄乃禽獸」的觀念。現實面則是「人被禽獸統治」，但暗中詆毀異族統治無濟於事，特別是滿州人建立的清朝，統治能力強大，國富民強，並實施中國歷史上首度減免人頭稅的「德政」。

在「夷狄」滿州人統治下，中國人反而獲得前所未有的「幸福」。所以，雍正皇帝主張滿人統治擁有「道德正統性」。類似「道統論」也受到蔣介石的中華民國與大韓民國擁護，以「法統」作爲政權正當性與「合法性」基礎。

中國人認爲「祭拜天地」是天子的特權，天壇「祭天」是皇帝非常重要的職責，象徵天子有統治天下萬民的正當性與權威。

同理，李朝朝鮮臣屬中國皇帝，國王只能祭五廟而不能祭天。日清戰爭清朝落敗，和日本簽署《下關條約》（馬關條約），第一條第一項就是清朝承認朝鮮獨立，變成「大韓帝國」，李朝國王終於能「祭天」。中國史上最後一個「祭天」的國家領導人，是民國初年袁世凱總統。不待言，這是因爲袁世凱認爲，祭天代表擁有上天託付的權力與權威，國家領導人祭天的重要性，不下於一般民眾祭拜祖先。

儒家的「天論」一再強調「天命」重要性。反之，墨子主張「天賞善，罰惡」，也就是所謂「天罰」概念。墨子認爲儒家「仁」的主張只是「私愛」、「差別愛」概念，遠不如墨家的「兼愛（博愛）交利（功利）」。墨子抨擊儒家自我矛盾，孔子宣稱「敬鬼神而遠之」，卻又喜歡祭拜祖先、祭天，邏輯不通。

儒家宣稱「神並不存在」，又宣傳祭拜天地的重要性，自我矛盾。話說回來，儒家集團原本就是經營喪禮業務的公會組織，如果祭拜祖先等葬禮儀式取消，這群人可要失業。因此，儒家總強調「孝乃諸德之本」，若不能祭拜鬼神，儒者將失去存在意義。

漢朝思想家董仲舒堪稱儒家成爲漢朝國學最有力的推手，他頌揚祭天重要性，宣稱「天乃誕生萬物之根源，人是萬物靈長，天則以五穀等養活人們，天子理所當然得遵從天意，認眞祭天」。

《論語・顏淵十二》提到，孔子弟子司馬牛感嘆自己沒有兄弟，同門師兄弟子夏安慰他「生死有命、富貴在天……四海之內皆兄弟也，君子何患乎無兄弟也」。

這段話顯示，儒家觀念是人的生死以及有沒有兄弟，甚至人世間的榮華富貴都是「上天決定」。換言之，儒教有很強的大命與天運觀。

■ 子曰：「吾十有五而志於學，（中略）五十而知天命。」（為政第二）

孔子自述十五歲才開始做學問。就「學者」養成而言，這是很慢的，一般知識分子都是年紀更小就開始學習，這可能是因爲孔子「貧賤出身」（《史記》）。倒是，孔子宣稱「五十而知天命」，各種注釋有不一樣的見解。

首先，「天命」是什麼？然後孔子憑什麼說他「知天命」。十五開始做學問，到五十歲才能「知天命」，當時中國人平均壽命不到五十，可見孔子做學問的效率不高。

倒是我覺得，孔子所謂「知天命」，可能是指周遊列國、推銷政治主張一再碰壁，到了五十歲終於「看開」，放棄自己流於妄想的企圖心。

換言之，雖然「志於學」充滿抱負、想實現某種目標，一大把年紀卻發現無力達成願望，了解自己能力侷限只好死心。不過也有一種解釋認爲，孔子講「五十而知天命」代表他絕不放棄，而是藉此激勵自己「再出發」。

提到「激勵自己」、「胸懷大志」，日本人常提到明治時期的美國教育家克拉克博士，他任教北海道大學前身的「北海道農校」時鼓勵學生：「少年啊！你得胸懷大志！」（Boys, be ambitious），但話說回來，年輕人即使沒有受到類似克拉克博士的激勵，多半也會期許自己未來要「變成什麼」。只是，人世間不如意事十之八九，大部分人到了某個年紀都不得不承認，「心想事成」並不容易。所以，孔子的「五十而知天命」，背後也可能充滿埋怨，其實是酸溜溜、願望無法實現的「千年之恨」。

■ 顏淵死，子曰：「噫！天喪予！天喪予！」（先進第十一）

顏淵是孔子最看重的入室弟子，優秀學生先過世，老師傷感也是人之常情，孔子卻宣稱「這是天要消滅我」，背後邏輯是，孔子認爲自己的學問位階和「天」一樣高，喪失最優秀弟子等於是摧毀他的學問系統，摧毀天理。像這樣硬把自己和「天」畫上等號的「天人合一」，未免太自我膨脹！

■子曰：「不然；獲罪於天，無所禱也。」（八佾第三）

這段話的起因是，當時衛國大臣王孫賈問孔子祭祀的做法與價値。一般家庭都先拜主神（穀神），才拜偏神；所以，這段話其實是諷刺孔子的弟子們跟錯人，沒跟主流派，卻隨著孔子吃癟、受苦。孔子則反駁，「違反天意的人再怎麼祈禱也是沒救。任何人只要違背天理，就會受到嚴重懲罰，祈禱也沒用」。

古代中國人稱「日、月、星」爲「三光」，「天、地、人」爲「三才」，《三字經》一開始也提及這種說法。其中，「天」是「地」的相對概念；「天」與「人」則內涵相似，因此有「天人合一」、「天人相關」的說法。中國人「天」與「人」的觀念根深蒂固，至今大多抱持相同看法。

深入探究，中國人「天」的思想以及「天與人之關係」等看法很早就出現，而且頗受重視，戰國時代更成爲儒家與道家等諸子百家喜歡討論的課題，比如：

①具有「神」概念的「天」——上帝、天帝、帝、天意、天命、天志

②具有「天空」概念的「天」——蒼天、昊天

③具有「命運」概念的「天」——天命、命

④具有「理義」概念的「天」——道、理、義、善、性、命、誠、眞、天思、天德

⑤具有「自然」概念的「天」——天災地變、陰陽五行運行、天地萬物等變化

秦漢肇始、止於清末的「中華帝國」時代，歷朝歷代塑造、弘揚「天子承天命統治萬民」的理論，意思是皇帝乃「天」的代言人，因此稱爲「天子」。至於皇帝如何教化百姓，主要做法是「教忠、教孝」，設定人民必須普遍遵守的道德與倫理規範，最具體的是儒教所謂的三德、四綱、五倫。如何加以實現，乃是中國皇帝最重視的政治課題。

話說，商周時代的中國人相信「天意」，農作物豐收或欠收，乃至於戰爭勝敗、易姓革命等，都認爲是天意與天命所致；孔語錄《論語》也強調「天」的重要性。不過到了戰國時代末期，同屬儒家的荀子主張「制天命而用之」，宣揚「剋天」思想。

不過，中國主流天命與天道思想後來往「天人相關」的方向發展，有所謂「天人一氣」、「天人一理」、「天人合一」說法，連發動革命的人都宣稱「代替上天討罰不義」、「替天行道」等。

話說回來，「天」這個字，中文含意非常廣，儒道等諸子百家各有不同關於「天」的思想，傳到中國的佛教也有三界六道輪迴等「二十八天」學說。誕生在佛教之後的道教，則爲了表現自己的崇高與優越性，宣稱「三十六天之上還有超過一百個天」。

中國各派思想之中，老莊思想不像儒家思想那樣強調「人爲」與「天命」，反而主張「無爲自然」。儒家思想具有濃厚「人爲無法抗拒天命」的想法，主張「天人相關」，認爲人們應敬畏、服從天意與天命。亦即，人們的想法、主張和民意不重要，最重要的是遵從天子所代表的「天意」，做好「忠」與「孝」。儒家認爲，平民百姓無法掌握天意，必須遵從天子的領導與教化。

即使進入二十世紀，中國從帝國變成民國乃至人民共和國，國體與政體表面上煥然一新，國家卻從未形成民意自由表達的空間架構，老百姓依然只能順從「天意」與「天命」，不容與之對抗。

八、主張「敬鬼神而遠之」，卻又推銷祭祀的儒教矛盾

孔子與孟子帶頭確立儒家「敬鬼神而遠之」的觀念，孔子卻又主張「祭禮」的重要性，顯然自我矛盾。當時諸子百家就已經對這部分頗多批判。《論語》怎樣討論「鬼神」與「生死」，整理如下：

■子不語怪力亂神。（述而第七）

孔子絕不談論怪異、超能力、靈異乃至於鬼神等話題。

■樊遲問知，子曰：「務民之義，敬鬼神而遠之。」（雍也第六）

孔子認為，平民百姓對鬼神雖表達敬意，但應保持距離。

■季路問事鬼神，子曰：「未能事人，焉能事鬼？」敢問死，曰：「未知生，焉知死？」（先進第十一）

孔子回答季路（子路）「事鬼神」的概念與內容，強調「活著的人都沒辦法盡心盡力對待，怎麼可能盡心盡力對待鬼神？」、「人世間的事情都搞不懂，怎麼可能了解死後的事？」

■祭如在，祭神如神在。子曰：「吾不與祭，如不祭。」（八佾第三）

孔子主張「祭」（祭拜祖先）須當作祖先「如在眼前」；「祭神」之際，要相信神明就在眼前。孔子說，如果有事無法親臨而請人代為祭拜，就會有缺乏切實祭拜的感覺。孔子認為祭禮過程中最重要的是「誠意」，儀式只是枝微末節。

儒教本身有許多矛盾，一方面強調「百善孝為先」，又宣稱「仁乃萬德之本」。

類似情況，就是主張「敬鬼神而遠之」，卻強調祭禮的重要性。此外，儒教算不算「宗教」，也很有爭議。

相對的，道教具有更強烈的宗教色彩。比如，道教重視長生不老的「昇仙術」，可視爲長生不老宗教，而且比佛教更相信「天國」與「地獄」。

道教一開始是土俗信仰，後來昇化爲宗教，回過頭來批判民間土俗的鬼神信仰，貶抑具有薩滿教色彩的巫術，不喜歡談論死後世界。

儒教如前所述，孔子主張「敬鬼神而遠之」，但又推銷祭拜祖先與死靈的重要性，不只本身矛盾，也讓人困惑，儒教是否可稱爲「宗教」？

孔子大力宣揚祭禮的重要性，但中國原始時代就有「薩滿教信仰」，至今仍有許多地方民眾相信「死靈」存在。

比如，文革期間下放雲貴高原的中國文學家在回憶錄提到，黃河文明與長江文明的儒道思想圈之外，中國南方還有一個「第三精神世界」，類似日本早期邪馬台國〔譯按：《魏書東夷傳》所記載，二世紀後半到三世紀的國家，女王名叫「卑彌呼」〕與「記紀」〔譯按：《古事記》與《日本書記》兩本日本最古老歷史著作之合稱，其中，《古事記》說明天皇統治的緣由以及王權在日本最初的發展狀況。《日本書記》模仿中國《漢書》與《後漢書》等正史寫成，是日本第一部敕撰史書）提到的薩滿教信仰。朝鮮半島和中國南方居民一向有這種強烈傾向。靈與巫的信仰，乃是亞洲人精神思考與文化的重要質素。

但儒教強調「仁」與「孝」的重要性，要求民眾追思、祭拜祖先，建立這種倫理觀。只是，倫理觀念有「公」與「私」之分，公領域倫理可稱爲「道」，私領域倫理通稱爲「德」，儒家主張私領域德行最重要的是「孝」。相對於儒家重視的「仁」只是「私德」層次，墨翟等墨家主張的「兼愛（博愛）」，則具有「公領域之愛」的層次。另外，「孝」屬私德，「忠」則是公德，「忠孝不能兩全」，歷史上很多中國人苦於這種衝突與矛盾。

基本上，孔子時代的「儒學」後來演變成「儒教」，主要是漢武帝之後盛行讖緯思想，儒者蒙上神祕宗教面紗；企圖打造儒教帝國的王莽雖然失敗，他創造的儒教儀禮卻幾乎原封不動地被後來中國歷朝歷代所繼承。

【第三章】

《論語》有關「德」的正確解釋

一、孔子所謂的「仁」到底是什麼意思？

孔子在《論語》中一再提到「仁」這個字，有人認爲「仁」的涵義接近佛教的「慈悲」或基督教的「博愛」。漢人喜歡用「仁」這個字命名，我認識的人，叫「有仁」或「義仁」的，確實不少。「仁」這個字在原始儒教經典《五經》就已出現，因此不是孔子所獨創。

但孔子顯然特別重視「仁」，三不五時就把這個字掛在嘴邊，單單《論語》就出現多達一百次的「仁」。孔子不厭其煩，反覆用各種舉例或解釋，向弟子們說明「仁」是什麼，如何才能做到「仁」。只是，似乎越說越不清楚，也因此弟子一再問孔子「仁到底是什麼」？

即便入室弟子都無法理解「仁」的眞確涵義，可見這個字的定義與內涵很曖昧。事實上，就連教主本人孔子對「仁」的解釋，也是一會兒說東，一會兒說西，難怪弟子們掌握不了方向，到最後還在問「仁是什麼」？

可能有人會說，難不成孔門三千弟子，即使最厲害的七十二位入室門生也都是笨蛋？這應該不是事實，因爲「七十二賢」爲首的顏回（顏淵），號稱「聞一以知十」，非常出名，絕非笨蛋。

另外，孔子「仁」的主張在那個時代的言論市場受歡迎、有人氣嗎？答案似乎是否定的。大約和孔子同時代的墨子與老子不只不買帳，還激烈抨擊孔子這項主張毫無道理；老子甚至宣稱「絕仁棄義，民利百倍」，意思是說，孔子大肆宣導「仁」，乃是有害蒼生。即使如此，孔子還是成天把「仁」這個字掛在嘴邊，全力推銷「仁」的好處。以下，讓我們看看孔子怎樣說「仁」。

■子曰：「仁遠乎哉？我欲仁，斯仁至矣。」（述而第七）

「仁」距離我們很遙遠嗎？不，如果你想要追求仁，仁就會馬上實現。孔子這樣強調，但事實眞的如此嗎？任何人只要追求「仁」、努力實踐「仁」，就眞的會實現嗎？

■子曰：「知者不惑，仁者不憂，勇者不懼。」（子罕第九）

孔子說，「有智慧的人不會煩惱困惑，仁者無憂，勇者不會害怕」。《論語・雍也第六》又提到，「智者樂水，仁者樂山。智者動，仁者靜。智者樂，仁者壽」。孔子說「仁者」壽命比較長，不知有何統計根據，看起來只是他一廂情願的「感覺」。

■子罕言利與命與仁。（子罕第九）

這裡說孔子不太談論「利」、「命」與「仁」，但沒有進一步解釋，難道是這三個字所代表的思想不重要嗎？事實相反，孔子經常將「仁」掛在嘴邊。所以，有可能是當時老子等政治家與思想家喜歡談「命」與「利」，孔子才故作清高，不談這兩個字。

■子曰：「剛毅木訥，近仁。」（子路第十三）

個性直率、不做作且有韌性的人，算是接近「仁」。

■夫仁者，己欲立而立人，己欲達而達人。能近取譬，可謂仁之方也已。（雍也第六）

孔子認爲，「仁者」必須能不自私地照顧別人，體貼別人。說到「體貼」，這可說是日本人最明顯的國民性格，和自私自利、目中無人的中國人完全相反。照孔子這樣的說法，大部分日本人都可稱爲「仁者」。

■子曰：「巧言令色，鮮矣仁。」（學而第一）

伶牙俐齒，很會看人臉色、拍馬屁的人，不太可能是「仁者」。當然「名嘴」也不是「仁者」。顯然孔子評斷人的標準是，「木訥的比善變的好」，「忠厚的比喜歡討好別人的高尚」。

■子曰：「惟仁者，能好人，能惡人。」（里仁第四）

只有「仁者」能發自內心愛人，能發自內心憎恨別人。

■子曰：「人之過也，各於其黨，觀過斯知仁矣。」（里仁第四）

一個人之所以會犯錯，多半是受身邊親朋好友影響所致。如果能發現並反省其過錯，即使犯錯的人也能了解「仁」。

■子曰：「當仁，不讓於師。」（衛靈公第十五）

只要是與「仁」有關的事，即使面對老師，也應堅持自己的做法。

■子夏曰：「博學而篤志，切問而近思，仁在其中矣。」（子張第十九）

廣泛追求知識，有耐心地學習，追根究柢察明問題與眞相，在此過程中，就能達到「仁」的地步。

■子曰：「苟志於仁矣，無惡也。」（里仁第四）

一個人只要能專心努力走「仁」的路線，就不會被別人討厭。

■子曰：「君子而不仁者有矣夫。未有小人而仁者也。」（憲問第十四）

不太有人是「君子」卻做「不仁」的事；也不太有人是「小人」卻能成爲「仁者」。

■子曰：「志士仁人，無求生以害仁，有殺身以成仁。」（衛靈公第十五）

「志士」與「仁者」這兩種人，不會爲了活命而傷害「仁」，他們反而會爲了實現「仁」，犧牲生命也在所不惜。

■顏淵問「仁」。子曰：「克己復禮，爲仁。一日克己復禮，天下歸仁焉。爲仁由己，而由仁乎哉？」（顏淵第十二）

孔子回答顏淵有關「仁」的問題，認爲一個人只要能克制自己、不自私自利，而且按照「禮」而行爲，就稱得上是「仁」。如果有人切實這樣做，大家一起看齊，就能讓整個社會實現「仁」的理想。所以，重點是有沒有決心，我們都應把實現「仁」當作自己的責任，不能只期望別人，把責任推給別人。倒是，孔子所謂「克己復禮」，「復禮」是指前面提到的復古主義與尚古主義，也就是孔子主張一切都應回歸祖先做法。祖先的做法絕對正確，這顯然是孔子核心思想之一。

■君子務本，本立而道生。孝弟也者，其爲人之本與。（學而第一）

君子都會切實掌握最根本的重點，並且努力實踐。把最根本的做好，一切行爲就能合理化，完成「道」的實踐。孝順父母、尊敬兄長，應該就是「仁」的根本吧！

■子曰：「里仁爲美，擇不處仁，焉得智。」（里仁第一）

居所最好選擇與「仁者」爲鄰的地方。搬到左鄰右舍都無「仁者」之處，不算聰明。

■子曰：「不仁者，不可以久處約，不可以長處樂，仁者安仁，智者利仁。」（里仁第四）

「不仁」的人沒辦法長期過窮困、節儉的生活，也無法持續平安喜樂。反之，「仁者」日子過的安心；智者則因爲喜歡仁、實踐仁，也能持續平安喜樂。

從以上《論語》有關「仁」的描述或對話可以看出，孔子一再強調「仁」是社會和諧的根本道理，但如何實踐「仁」，孔子並沒有明確說明，因此不只弟子們搞不清楚，兩千年來研究《論語》的人，也同樣不清楚「仁」究竟是怎麼回事。

二、孔子對於「仁義」的內涵說明，同樣含混不清

孔子喜歡說「仁」，孟子偏好行銷「仁義」，可以說，這是兩千年來喜好或研究儒家的人最常談論的話題。即使如此，至今什麼是「仁」，什麼是「仁義」，還是各說各話。確實，不要說孔子，任何儒教研究專家都無法針對「仁」或「仁義」這兩組詞彙給出明確定義。

話說回來，其實不只仁義道德，就連「善」與「惡」也無法定義，所以英國思想家穆爾說：「善惡無法定義，若要勉強定義，就會犯最大的錯誤」。

穆爾這項主張並非打馬虎眼，放棄自己作爲哲學家的責任；但也不是「看開了」，畢竟所謂道德正當性，也就是什麼行爲是「倫理上的當爲」，很難畫出統一的界限與標準。也因此，即便現在許多國家都已發展成「公民國家」，但國際社會上，西方人所定義的「正義」，未必和伊斯蘭教徒心目中的「大義」，乃至於東北亞民眾喜歡講的「道義」具有相同含意。也因此，每個國家民族若都要強行推銷自己的「道義」，一定會爆

發衝突。

這類衝突，例如歷史上有名的十字軍東征和現今中東地區的文明衝突和文化摩擦，導致許多複雜難解的國際紛爭。

類似的「文明衝突」在中國也常出現。中國史上有著名的「三武一宗」毀佛滅佛，義和團作亂則對基督徒發出「格殺勿論」令。十九世紀漢民族企圖全面消滅國內回教徒，也就是所謂「洗回」，大約兩千萬中國回教徒遇害。這類「文明衝突」目前還在西藏與新疆維吾爾地區持續上演。

中國人認爲異教徒文明程度差，沒漢化的都是「夷狄」。自古以來，漢民族認爲攻打「胡虜」屬仁義道德行爲，但從文化思想與精神史角度來看，這其實是文化摩擦與文明衝突。也就是，孔子和佛陀、穆罕默德、耶穌基督等不同宗教思想主張的「仁義道德」不同所致。如果不同文明都認爲自己最優秀而別人很差勁，「實力對決」就可能爆發武力衝突。話說回來，《論語》強調「克己復禮」，可以說，孔子畢生講學主要就是推銷「禮」與「仁」這兩種概念與做法。孔子所定義的「仁」，主要是指「克制自己的欲望」；所謂「禮」，則是遵照古代作法。然後，恢復古禮並加以實踐，就是實踐「仁」。客觀而言，這等於宣稱古代帝王的統治秩序是最佳的社會狀態，回歸原始時代就是「仁」。

孔子爲何提出這種奇怪主張？或許和他的出生有關。眾所周知，孔子出身低賤階級，後來自認學有所成而周遊列國，推銷自己的政治思想和主張，卻無法獲得各國國君青睞，找不到一官半職，實際上等於日本今昔的「浪人」。

孔子所處的春秋，也就是東周時代末期，「西周」完整的國家禮儀已逐漸喪失。所以孔子主張，一個人乃至於整個社會要恢復正常，就是要實現「仁」，最重要的步驟是人人克制自己的欲望，恢復古禮。孔子希望恢復的「古禮」，甚至包括「夏禮」與「殷禮」。但問題是，夏朝與殷朝是多麼遙遠的過去，孔子如何能精確了解「夏禮」與「殷禮」呢？

孔子那個時代，只有貴族才能進宮廷，熟練國家儀禮。孔子身爲「賤民」，原本就不太可能熟悉周禮，更何況他宣稱熟知更早一千年的「夏禮」，就不免令人匪夷所思。孔子那個時代記錄文字的方法不發達，爲何身分低賤的孔子能清楚了解數百年前甚至超過一千年前的「古禮」？確實可疑。這是合理懷疑，要不然，難道是「神托夢」給他？

所以，孔子到處推銷「回歸古禮」的政治主張，各國君主直覺困惑「他到底在講什麼，會不會是在吹牛？」總之，堪稱「浪人」的孔子能教人宮廟之上該做什麼，簡直是莫名其妙，因此被當作「頭殼壞去」集團，實不難理解。

周遊列國推銷失敗，孔子倒是吸引一批天眞而搞不清楚狀況的門徒，於是開了「葬儀社」補習班，課程多半是宣揚所謂「仁道」的尚古、復古主義。

孔子在他經營的「補習班」拼命講「仁」與「禮」，但孔子多次提到「仁」這個概念，卻從未做出精確定義。

結果，學生們只知道老師很重視「仁」，整天把「仁」掛在嘴上，卻沒有人眞的了解「仁」，也不斷有學生提問「仁是什麼」？孔子的「仁」有時指「正義」，有時指「有禮」。而且，「克己復禮」、「愛人」、「恭、寬、信、敏、惠」等等，都可說是「仁」。如此不精確的思想主張，德國思想家馬克斯·韋伯的評論是：學術價值很低，彷彿印地安的酋長對部落民眾「講故事」。

究竟「仁」是什麼？自古以來，沒有任何儒教經典有清楚說法，比如《書經》與《詩經》出現「不如其仁」、「恩且仁」等用法，其意義主要是老百姓希望獲得統治者「仁慈」對待。由此可見，孔子沒有自己的創意與理論主張，只能搬出骨董的「仁」主張，到處推銷。當然，過期貨卻拼命推銷，也是因爲孔子以及儒教根本性格就是「尚古主義」。發現「仁」這個字好用，就把它詮釋成最高倫理與道德內涵，用力鼓吹。

「仁」在孔子口中，變成孫悟空「七十二變」的萬能關鍵字。包括「己所不欲勿施於人」與「統一天下」等等，都屬「仁」的範圍；原本公認「不仁」的管仲與齊桓公，也因爲打造霸權、協助天下統一有功，而被孔子「平反」，說兩人的行爲就是「仁」。

「仁」的內涵與道德規範是什麼？道德規範和「仁」有何關係？爲何「仁」乃是道德的根本？《論語》都沒有明確說明。二千年來，歷代政權實施儒教教化，都只用命令或強制方式要民眾背誦「什麼是仁」、「什麼是義」，整個思想體系卻是模糊、混亂，就連「仁」與「義」的道德基礎何在？都說不清楚。

這樣的混亂持續超過二千年，很自然就形成中國人的行爲毫無準則。今天中國之所以淪爲「道德最低」的國家，根本原因就是儒教。儒教一味地「外在強制」推銷道德主張，使中國人靠一張嘴皮子「實踐」道德，不知道最重要的是發自內心，結果甚至可以說，沒有幾個中國人眞正重視仁義道德。中國人思想與價值觀混淆，演變到最後，就連幫派份子、流氓黑道也是滿口「仁義道德」。

三、「仁義」的倫理道德意義不明卻滿口道德的奇怪國度

孟子是孔子之孫子思的徒弟，當時已經進入戰國時代，孟子發現人們對孔子主張的「仁」沒概念也無好感，於是加上「義」成爲「仁義」，重新包裝再次行銷，卻仍碰壁，乏人問津。產品不受青睞，孟子喊嘆天下言論「非楊即墨」。亦即，楊子與墨子的思想主張大受歡迎，產品「市佔率」遠遠超過儒家。

孔子講的「仁」，給人侷限於「家人之愛」的感覺，主張「兼愛（博愛）」的墨子以及老莊等道家，都認爲儒家理論水平太低。道家指出「天地與聖人不仁，大道廢有仁義」，甚至絕決地主張「絕仁棄義」！

作爲孔子的徒子徒孫，孟子當然也是大力推銷「仁」，說「仁者，人也」，「仁者，人之心也」，「惻隱之心，人之端也」。後來唐代儒教信徒韓愈宣稱「博愛之謂仁」，其實是剽竊墨子的「兼愛思想」；顏之推則以假亂眞地宣稱「仁」等於佛教的「慈悲」。朱子則說「仁」乃「心之德」、「愛之理」。

正因爲孔子和歷代儒家主張的「仁」或「仁義」無法解決中國人倫理道德低落的困境，各個時代都有許多思想家像墨子或老莊那樣高喊「捨仁義」、「絕仁棄義」，清末戊戌變法領導人之一的梁啓超說道：

「中國人滿腦子的『仁』，缺乏維新精神，結果變成無氣力、無血氣，遲鈍不堪，不僅放棄追求自由精神，等待天命的想法更是到處蔓延。」

二千多年爭吵不休，沒人能說清楚「仁是什麼」。縱然不斷探討「仁學」，主張「仁」無所不在，莊子甚至認爲強盜若修習仁義道德，也會變成「盜聖」。從頭到尾定義模糊的「仁」，最後變成「見仁見智」的成語，反映出中國人的思想根本就是模稜兩可，馬虎了事。

日本在七世紀聖德太子時代，由中國引進「仁義禮智信」所謂「五倫」或「五常」的仁義道德思想，但其中的「仁」意義不明，而且與日本風土不合，因此有人用「和」取代「仁」。不過，即使實踐上不認爲「仁」有何價值，十九世紀末仍有不少日本學者深入研究，成果還比清末改革派份子、「仁學」大師譚嗣同更突出。比如，山口察常博士與竹內照夫博士分別撰寫《仁之研究》、《仁的古義之研究》等精彩作品。

近代以來，中國儒教支持者喜歡攀親帶故地說，「仁」就是佛教的「慈悲」與基督教的「博愛」，但事實上，佛教、基督教與伊斯蘭教等教義沒有「仁義」這類道德，這些宗教國家民眾不講「仁義」，也沒有因此變成「道德低落不堪」。

所以，喜歡談仁講義的儒教國家中國，早已變成最欠缺道德的國家。不禁想起二千多年前老莊就已警告，應該「絕仁棄義」。滿口「仁義」的政府統治絕不可靠，反而漢初文景之治實施「黃老之術」，實踐老莊思想的自由放任主義，當時堪稱中國人最悠哉快樂的時期。

反之，獨尊儒術的漢武帝過世後，明帝繼位。某日明帝發現太子異常熱心儒教，直覺不妙，認爲「太子成天和只會逞口舌之辯的傢伙在一起，國家可危險了」。果然，明帝過世後不久，漢朝就被王莽篡奪。

王莽企圖打造中國第一個「儒教千年帝國」，反而造成天下大亂。還是日本戰國時代名將有眼光，伊達政宗撰寫的「家訓」，對「五倫」有非常精妙的詮釋：

「過仁則弱，過義則頑，過禮則諂，過智則嘘，過信則損。」

我曾和台灣歷史家兼思想家柏楊先生對談，分享政宗這段家訓，指出儒教喊「仁義道德」，都只是書上寫寫而已，柏楊先生感慨地說，「中國幾千年來就是沒能產生類似卓見」。

話說回來，儘管孟子在「仁」上面加上「義」而成爲「仁義」，但追根究柢，「義」這樣的道德規範太空泛，完全沒有中心概念，也無法加以定義。

「義」的涵義多且分歧，和「道」的概念結合成爲「道義」，和「德」加在一起成爲「德義」，和「禮」成爲「禮義」，和「理」合成「義理」，和「勇」合成「義勇」，又有「節義」、「義俠」與「義烈」等等，簡直與變形蟲無異。

雖然二千多年前《四書》之一的《中庸》就已提到，「義者，宜也」，但其實講的非常模糊，簡單說來，就是「自己覺得不錯的，別人應該也會覺得不錯」。但是非善惡的標準，不可能人人相同，今天認爲好的事物，明天未必能獲得認同。人們的主觀判斷經常改變，很難建立固定的客觀性道德。

結果，「義」這樣的倫理規範淪爲過於主觀的民族概念，卻無法產生超越歷史的高度意涵，二千多年中國持續專制獨裁體制，所謂「義」與「理」，實質上都已變成要求民眾遵守傳統、接受權威，以便維持既有秩序。

孟子眼中的「義」，無非是遵從兄長，強調「父子之間有仁，君臣之間有義」（《盡心篇》），認爲「義者，人之道也」等等，但最後還是淪落追捧「傳統與權威」的愚昧，連黑道幫派也拼命講「道義」。

追求「義」的人常得被迫「二者擇一」。比如，《禮記・表記》提到「重仁者，輕義」，《論語・憲問篇》也說「見利思義」，可見「仁」與「義」乃至於「仁義」相當程度都是對立性的概念，所以《左傳》說「大義滅親」，指出「義」的本質在於放棄私利與私情，但重「私情」的儒家眞能做到這點嗎？我懷疑。

中國文化史上，「義」這個概念有非常多的意思，這也是中華文化「思想貧困」現象之一。《太平記》就有超過三三〇個「義」的類義語，完全呈現「義」的氾濫。孔子喜歡把人分爲君子與小人兩種類別，並說「君子喻於義，小人喻於利」（論語・里仁篇），意思是說，君子比較了解義，追求義的實踐；小人只知利，追求自己的利益。

日本明治維新政治家、首相伊藤博文的左右手陸奧宗光，曾因爲政治主張觸犯國法而被判刑，仙台入獄期間，翻譯英國功利主義者邊沁的大作《道德及立法之諸原理序說》，成爲日本「利學正宗」思想家。陸奧宗光認爲，把孟子定義的「義」倒過來看，就很容易了解邊沁的功利主義。

墨子對「義」的看法和孟子不同。他認爲實踐「義」也可獲得某種程度的「利」。也就是「利」與「義」其實不相違背，甚至可說是相同的概念。

話說孟子謁見梁惠王，惠王問：「閣下千里迢迢來拜會我，是否帶來有利於我國的辦法？」孟子卻回答：「惠王您何必開口閉口都是『利益』？我的建議方案很簡單，重點就是『仁義』。」孟子這段話，給人自己非常崇高的感覺。但他所謂的「義」，其實就是追求某種形式的「利」，卻假惺惺的說追求利益絕不可取。

四、忠孝倫理的對立與變化

儒教倫理觀除了「仁義禮智信」的「五常」觀念，最重要的是「四維八德」，特別是「忠孝」。但實踐過程卻常出現「忠孝不能兩全」的情況，儒家的解決辦法是以「孝」爲優先。

基本上，孔子的觀念是抱持「忠孝可兩全」或「忠孝一致」，《論語・學而篇》指出，「其爲人也孝弟，而好犯上者鮮矣；不好犯上，而好作亂者，未之有也」，認爲「孝」是「忠」的根本，兩者是相同概念。

中國之外，韓國人也篤信儒教，極端強調「孝」的重要性，很多人奉行「忠孝傳家」傳統。只是，中韓兩國儒家強調的「忠孝」觀念，在現代社會根本經不起考驗。「忠孝」是儒教倫理特有產物，西洋倫理觀與佛教倫理觀都沒有這樣的觀念。

第二次世界大戰後，日本也有些親中派宣揚「忠君愛國」與「孝順」的重要性，卻不知以儒教爲「國教」的中韓兩國，倫理思想卻已出現巨大變化與混亂。

比如，共產中國沿用儒教倫理「忠」的概念，卻宣稱「爹親娘親不如毛主席親」，文革期間甚至要求紅衛兵效忠毛澤東一人，推出誇張的「忠字舞」。共產中國「孝」觀念的扭曲，完全顯露在「一胎化政策」，實施一胎化之後，獨生子成爲「土皇帝」，中國出現令人啼笑皆非的「四・二・一症候群」。亦即，父母兩人加上內外祖父母四人，「合力孝順」獨生子一人，完全顚覆「孝」的定義。

但最誇張的，其實是朝鮮。這個半島國家對於「孝」有超乎想像的堅持，甚至堪稱瘋狂的實踐，出現非常多無法理喩、奇怪的「孝行」，也讓這個儒教國家給人「死人支配活人、了無生氣」的感覺。然而，戰後韓國卻發生很大的變化，許多韓國人宣稱「日本統治時代出生的老人不趕快死掉，韓國不可能變好」。統計資料顯示，韓國是OECD老人自殺率最高的國家，原因是戰前出生的老人被瞧不起，內心鬱悶。

漢城發生過兇殺案，年輕人在市區公園打死一名年長者，只因那老人認爲「日本統治時代比較好」，竟惹惱年輕人出拳。不可思議的是，兇手竟變成「愛國英雄」，受到普遍讚揚。

韓國這樣扭曲「忠」、「孝」觀念，終究是無法通過時代考驗的。

日本人自古以來認爲，所謂「忠孝」的觀念，不過是街道巷弄私塾老掉牙的道德訓示，就連老鼠有吱吱之忠，烏鴉也有呱呱之孝，但眞要比較兩者誰重要，忠還是優先於孝；因爲日本重視「武士文化」，有很強「公」的信念。

相對的，漢民族重視人際關係經營，凡事從個人利益出發，是非常實利主義的民族。中國人可以爲了錢財捨棄性命，滿腦子只有個人或家族利益，缺乏利他精神，即使常把「忠孝」掛在嘴邊，其實也是從利的角度出發。

中國人可能是全世界最常爲了爭奪利益而手足相殘的民族。因爲眼中只有私利，兄弟姊妹之情不放在眼裡，中國人才得強調「忠孝」，否則社會馬上瓦解。但「忠」與「孝」本身具有矛盾性，日本平安朝末期政治家平重盛說得好，「欲忠則不孝；欲孝則不忠」。

但忠孝不能兩全之際，爲何中國人會以「孝」爲優先？爲何儒教倫理首重「孝」？這是非常值得探討的課題。相形之下，佛教沒有「忠孝」觀念，佛教與儒教倫理最大差異正在於此。

日本高僧隱溪智脫撰寫《儒佛合論》，指出儒教倫理的核心概念是敬孝君主。儒教所謂「敬順」，無非是能察言觀色，順從、不要違背父母心意。

反之，佛教徒認眞實踐佛法，就會抱持感恩之心，悟道並帶父母親脫離地獄之苦，轉生極樂淨土，獲得不退轉境地。這是佛教徒一生努力的目標。

換言之，不僅對現世父母孝順，還要用層次更高的佛教之愛也就是慈悲，讓父母得到最好的果報。

話說回來，中國人爲何強調「孝」？主要跟家族制度有關。數千年來，中國社會形成的農耕生活必須團結合作，因此強調家庭與家族的重要性，「國」只是「家」的延續。民眾不重視國的發展，只在乎一家一族是否興盛，這也正是韋伯所謂的「家產制國家」，一家一族的盛衰攸關國家存亡。

爲了追求家族繁盛興隆，中國人宣揚「孝」的重要性。「孝」因此成爲家族全員的生活規範。然後由「孝」擴張到「忠」，「忠君愛國」變成全民生活規範。

日本江戶時代國學大師本居宣長認爲，一味宣揚「仁義禮讓孝悌忠信」的儒教倫理，其實是漠視人性。儒教是僞善的道德，事實上不可能「認眞實踐儒教倫理」；一堆儒者顧自陶醉於自己不切實際的主張，對人群社會毫無助益。宣長指出，儒教倫理即便擁有官方認可的正當性，但事實上，除非使用政治權力搭配強制手段，否則不可能讓廣大民眾自動自發地遵循。畢竟儒教的許多規範違背人性，人們無法接受。宣長的結論是，「其教也，苦多而無益」（《葛花》）。

客觀而言，國家治理原本就是困難、複雜的工作，只靠儒教的道德教條，當然無法達到治理效果。儒教認爲「人必有過」，因此須「嚴加教導」，但其做法違背人性。像儒教不承認人們有各種慾望，終究只是僞善的道德主張。

比如，儒教最重視「忠孝」，只是一味地要求民眾服從尊長，堪稱「奴隸道德」。明治時代哲學家大西祝等學者看穿儒教倫理這類道德盲點，澈底批判其正當性。

按照儒教思想架構，忠孝是各種德行的根本，必須用力實踐。如果這樣的邏輯成立，至少得證明所有德目都由忠孝產生，但儒教沒有清楚說明，卻要求民眾「遵從君父之命」。亦即，無思想根據，卻用「君父之命」代表善惡與理想，在大西祝看來，這根本是莫名其妙，而且危險。

五、為何「禮儀之邦」的中國人道德最低？

「克己復禮爲仁」，乃孔子一大名言。所謂「禮」，是儒教聖典《四書五經》中「詩、書、易、禮、春秋」之一，也是儒教教育最重要的科目。兩千年來，中國實施科舉考試「獨尊儒術」，按理說，中國人已經充分接受禮教教化，但爲何中國人的倫理道德反而是全世界「最低水平」？我想原因是：

①中國人堪稱是全世界最沒禮貌最不知禮儀的民族。

②不只民眾，就連中國政府也承認，中國人是「欲望最高，道德最低」。

話說回來，孔子最重要的主張是「禮」與「仁」。儒教有關「禮」的論述，主要是《五經》，特別是《周禮》有詳細說明。其內涵簡而言之，就是多如牛毛的禮儀，堪稱「繁文縟節」。

孔子是東周春秋時代的人，並非貴族出身，卻誇稱熟知周禮，乃至於更往前推數百年甚至千年的殷禮與夏禮，簡直是「吹牛大師」。《論語》記載，孔子教導入室弟子子張有關夏、商、周的「禮」，比如：

■子曰：「興於詩，立於禮，成於樂。」（秦伯第八）

孔子這段話的意思是，學《詩經》可提升人的精神品質。學禮法能讓人格獨立、成長，知道如何爲人處事。透過音樂，可以完備一個人的教養。

■子曰：「不知命，無以爲君子也。不知禮，無以立也。不知言，無以知人也。」（堯曰第二十）

孔子說：「不知天命，就無法成爲君子；不懂禮節，就無法立身處世；不會從言談中明辨是非，就無法認識一個人。」

■子曰：「非禮勿視，非禮勿聽，非禮勿言，非禮勿動。」（顏淵第十二）

日本觀光勝地日光東照宮的三猿像「非禮勿視、非禮勿聽、非禮勿言」，非常有名。但事實上，猴子不可能遵守這些規矩；眞要實踐孔子主張，還要有一隻「非禮勿動」，畢竟儒家所謂的「克己復禮」，是一套言行舉止的嚴格規範。只是，有各種嚴格規範的「禮法之國」，中國人卻充斥著貽笑國際的沒禮貌、不文明行爲。共產中國政府宣揚各種行爲禮儀，吹噓自己的「文明」是「大歷史」，但中國人毫無禮貌、不守秩序早已揚名海外，淪爲國際笑柄。

比如，我工作出差常住宿某飯店，熟識的早餐吧檯領班告訴我，「今天又有『那邊』來的團體客人，你最好早點吃完」。領班口中的「那邊」的團體客人，指的就是中國觀光客。

果不其然，中國團體客人一湧進安靜優雅的早餐吧，馬上亂哄哄。他們有的直接把吧台食物送進嘴巴，吧台當場變「餐桌」，喜歡的食物毫不客氣就掃光，果醬與奶油則塞進包包，精美餐具暗槓帶走。他們像蝗蟲過境，用餐完畢，桌上與地面都是食物殘渣。

不只共產中國，蔣介石統治時代也曾發起「向日本人看齊」的「新生活運動」，希望提升國民教養。戰後國民政府搬到台灣，直到我唸小學時代，還在推行類似運動。

中國人入住飯店經常災難一場，客房備用品順手牽羊，許多中國遊客宣稱飯店「服務不周」，叫囂抗議。他們所謂「服務不周」，多半是中國旅行社說有那些「額外服務」，但其實沒有。當然，日本飯店不會和中國旅行社聯手詐騙中國遊客，惡意取消或減少服務。

中國海外旅行團的領隊與導遊，其實有辦法掌控其團員，胡鬧的人只需警告：「不守規矩的列入黑名單，呈報上級」。害怕回國被「算帳」，中國遊客自然規矩聽話。中國旅客不知分寸，日本電視台也常報導中國觀光團暴衝的新聞。

比如，中國人喜歡在飛機上爭吵甚至打架，已司空見慣。有時因爲座椅後靠妨礙對方，引來拳腳相向，有的集體鬥毆，機組人員規勸，竟揚言「我要炸了這飛機！」眞的曾有一架飛機因此折返泰國曼谷機場。

在台灣擔任立法委員的民進黨朋友，某次搭乘國際航班，同機許多中國乘客打手機。廣播提醒不可使用手機，卻毫不理會，逼得機組人員警告：「各位旅客大家好，有旅客持續打手機、講電話，這是非常危險的動作，可能危及機上所有人員生命安全。希望使用手機的旅客尊重大家的生命安全。」

聽到廣播，機艙內一片譁然。雖然同是中國人，恐慌的其他中國乘客衝向講手機的人，一陣亂拳毆打，就連女人、小孩也出手。中國文豪魯迅的名言「棒打落水狗」眞實上演，被毆男子奄奄一息，呈半死狀態。

這位朋友分析，應該是機組人員了解中國人性格自私且容易恐慌，所以用這種方式解決問題。

話說回來，我們終究要問，中國人禮貌與德行教化如此澈底，爲何仍淪爲最沒禮貌的民族？

儒教宣揚的禮與德，教化效用不大，當初儒教教主孔子周遊列國，宣揚禮與德，希望各國國君採納卻一再吃癟，反而楊朱與墨子的政治理論風靡一時，受到官民熱烈歡迎。只可惜中國後來獨尊儒術，中國人的品格禮貌與德行「越教越差」、「每況愈下」。

中國人沒有禮貌，即使主辦國際運動賽事也不例外。中國舉辦大型運動比賽，東道主「待客之道」卻令人不敢恭維。不要說北京奧運期間中國民眾對外國訪客做出許多不禮貌動作，之前主辦亞洲杯足球賽輸給日本隊，中國民眾竟包圍日本隊巴士，敲打車窗。總之，中國兩千年來不斷對民眾宣揚道德教化，這個國家的民眾終究還是毫無禮貌。難不成中國人所謂的「禮」，只是耍嘴皮？

儒教宣揚的「德行」，並非發自內心的倫理規範，因此只能依賴外在強制約束。中國人非常現實、重視利益，掌權者宣揚禮的重要性，民眾不會反抗，只會虛應故事跟著唱誦，但毫無實踐，完全是陽奉陰違。行禮如儀只是表面功夫，中國人重視的是私底下的「送禮」。在中國社會，不知道賄賂方法很難生存，沒能力賄賂等於「丟臉」。

諷刺的是，「禮」與「德」成為中國人「獨善」與「偽善」的元兇。人類社會在不同時代都會產生各種禮與德，代表該社會與該時代的文明高低，中國的狀況則是，儒教宣揚《四書五經》兩千年，希望提升中國人精神文明的品質，不料卻變成「逆向工程」，反而造就出這個「世界道德最差」、「禮儀最低級」的國家。

六、孔子的「君子與小人」觀之時代背景

孔子的《論語》提到「君子」與「小人」，有許多對比性說明。中國人喜歡這樣分類、對比。比如，由太極產生的世界以陰陽構成，以下是孔子有關「君子」與「小人」的論述。

■子曰：「君子周而不比，小人比而不周。」（為政第二）

君子待人處事重視誠意與禮節，不成群結黨。小人喜歡成群結黨，不喜歡禮節。

■子曰：「君子和而不同，小人同而不和。」（子路第十三）

君子能與人交好，但不會當濫好人；小人喜歡同流合汙，卻無法與人和好相處。

■子曰：「君子成人之美，不成人之惡，小人反是。」（顏淵第十二）

君子喜歡幫助並成就別人，不會助人爲惡，小人則反之。

■子曰：「君子欲訥於言，而敏於行。」（里仁第四）

君子重視的不是很會講話，而是要有行動力。

■子曰：「學而時習之，不亦說乎，有朋自遠方來，不亦樂乎，人不知而不慍，不亦君子乎。」（學而第一）

君子重視學習，遠方朋友來訪，覺得很快樂。自己的優點不爲人知，也不會生氣。

■子曰：「君子上達，小人下達。」（憲問第十四）

君子喜歡了解事情全貌，小人只掌握枝微末節。

■子曰：「君子懷德，小人懷土。君子懷刑，小人懷惠。」（里仁第四）

君子最重視的是德行，小人卻只在乎田地財產。君子只擔心自己會不會違反法律與規則，小人則一味的貪心，希望獲益更多。

■子曰：「君子求諸己，小人求諸人。」（衛靈公第十五）

君子重視自力獲得成果，小人則喜好依賴他人。

■子曰：「君子固窮，小人窮斯濫矣。」（衛靈公第十五）

君子清楚了解，自己原本就該過窮困生活；小人則處境困苦就會失控。

■子曰：「君子義以爲上。君子有勇而無義爲亂，小人有勇而無義爲盜。」（陽貨第十七）

君子最重視「大義」，因爲如果膽量大而無「大義」，就可能製造混亂。小人若膽量大而無「大義」，可能淪爲強盜、小偷。

■子曰：「君子喻於義，小人喻於利。」（里仁第四）

君子通曉「義」的內涵，小人則只追求「利」。

■子曰：「君子不可小知，而可大受也，小人不可大受，而可小知也。」（衛靈公第十四）

君子知識未必廣博，但爲人可靠，可賦予大任。小人則難以承擔大任，頂多擁有一些專門知識或技術。

■子曰：「唯女子與小人爲難養也。近之則不孫，遠之則怨。」（陽貨第十七）

只有女子與小人最難相處，和他們親近就會變成過度任性；與之保持距離又會埋怨、生氣。

如上，孔子喜歡把人分爲「君子」與「小人」兩種身分，顯然帶有階級思想。孔子爲何有這樣的思想觀念，得從他所處時代看起。孔子出生於春秋時代末期，當時周代禮樂已經崩壞，盛行「以下剋上」，天下大權掌握在「春秋五霸」手中，尤其齊與晉國力最爲強大，足以號令天下。周朝之前，中國有夏與商兩個朝代，和周朝合稱「三代」。「三代」更早還有「三皇五帝」傳說。夏商周三代的實際狀況乃至於堯、舜、周文王、周武王有哪些事蹟，孔子雖常提及，但他的說法多和諸子百家不同。

簡單講，中國到了孔子時代仍以氏族、宗族爲中心。孔子出身「貧且賤」，一直沒機會出任官職。有人考證指出，孔家是沒落氏族，在春秋戰國時代重視實力競爭的社會，確實很難出人頭地。總之，孔子所處時代的中國社會有明顯的階級與階層劃分，士與民之間存在難以跨越的鴻溝。

早在一九三〇年代，許多中國人受馬克思、列寧影響，發動「階級鬥爭」。在他們眼中，古代中國是如假包換的奴隸社會，必須改革、鬥爭。抱持這種主張的文人，包括郭沫若與魯迅等，他們大量撰寫書籍，深受馬克思列寧主義影響。話說回來，孔子那個時代沒有人民共和國「紅五類」、「黑五類」、「人民」、「反人民」等階級劃分，但有「君子」與「小人」的階級概念，孔子習慣站在「士」的立場，才會說「唯女子與小人難養」。這和孔子撰寫《春秋》主張的「華夷之分」、「尊王攘夷」一樣，都彰顯孔子有很強的階級觀念。

七、《論語》針對「君子與小人」的階級分析

大部分學者同意，最足以代表孔子思想的著作是《論語》。換言之，《論語》是孔子思想的結晶。日本也有不少贊成這種說法的學者，比如武田義雄。當然，也有很多不同意見。中國漢代許多人研究、注釋堪稱「孔語錄」的《論語》，被發現其中存在不少矛盾。

首先，《論語》的編寫工作，其實是孔子的孫弟子那一代才開始，而且是許多人共同作業，所以就像津田左右吉博士指出的，《論語》參雜了孟子與荀子首度提出的主張，彷彿大雜燴。因此，與其說《論語》是教主孔子的思想結晶，不如說是儒教信徒的共同創作。我年幼時在台灣暗誦《論語》，乃是朱子編輯版本。朱子之後，江戶時代儒學者用完全不同的角度註譯《論語》，探討更深入，其成就遠遠超過中國古儒學與新儒學，令人讚嘆。

中國歷史上，社會結構和近代日本最相近的，大概就是春秋時代。《論語》所標示

的理想社會，則是春秋時代之前不久的西周時代。

中國歷代王朝，除了王莽開創的新儒教千年帝國，包括漢、晉與明三個王朝，都延續秦始皇的中央集權，並且實施封建制度。用今天的話來講，就是「一國兩制」。明朝末年中國學者朱舜水，在明朝滅亡後亡命日本，成爲水戶藩賓客。朱舜水對江戶時代封建社會的實況大爲吃驚，他發現自己心目中理想的封建制度已在日本實現，對日本稱讚不已。

孔子主張「克己復禮」，完全沒有近現代的資本主義概念。《論語》反映周朝到秦朝數百年甚至中華帝國二千年的社會結構，以及孔子的「君子與小人」觀點。

《論語》出現許多「君子與小人」的論述，不只在中國受重視，近現代以來，在日本也引起許多討論。其中，研究最深入的是《論語新探》的作者趙紀彬。趙紀彬這本大作在國共內戰期間出版，後來再版。

話說，中國在十九世紀中葉鴉片戰爭之後，不只南方太平天國比始皇帝更嚴厲地鎮壓孔教，北方叛亂的捻軍也攻進曲阜，搗毀孔氏祖廟與陵墓，屠殺孔氏一族。

儒教其實是許多中國人的「公敵」，一九一九年之後包括五四運動「破四舊」與文革期間「批林批孔」，都是儒教的「受難時代」。

前述，趙紀彬撰寫《論語新探》，受到近現代各種思想史發展的影響。

趙紀彬如何看待孔子有關「君子與小人」的見解？趙認為，春秋時代的中國，「人」與「民」兩大階級對立，但我不贊成這種說法，我認為，毋寧應該採取「士」與「民」這兩個社會階級的概念，至於是否「對立」？則是其他問題。因為，春秋戰國時代的中國人認為「士」與「民」都是「人」；換言之，「人」是「士」與「民」的總合。

至於「君子」與「小人」的差異何在？要了解這個問題須先確認，春秋時代中國人對「人」的觀念，亦即，號稱「華夏民族」的中原一帶居民抱持什麼觀點。首先，中國人不認為夷狄是「人」，也不把夷狄納入社會階級的一環。

另外，所謂「民」，本來是指防止其逃脫而用針刺瞎雙眼的「奴隸」。中國古代是不是奴隸社會，這部分我沒有深入研究，但史料顯示，至少殷商時代的中國呈現出明顯的奴隸社會色彩。

春秋時代結束、進入戰國時代，奴隸地位大幅提高，價格和一匹馬差不多；有些奴隸才華過人，甚至擔任高官。

《論語》二十篇出現多達四十二次「君子」。趙紀彬指出，單單《為政篇》就多達八處「君子與小人」的對比。《論語》兩千多年來有許多版本，但各版本的「君子與小人」論述差不多，「君子」有一〇六處，「小人」二十四處，合計一三〇處。《論語》之外，《五經》的《書》及《詩》也常提到「君子與小人」，但語意與概念未必一致。春秋時代階級對立激化，君子與小人明顯對立。

「小人」和「勤於禮」、「勞心」的「君子」變成對立概念，大概是周朝。早期「小人」未必是「奴隸」，但《論語》出現後，「君子與小人」變成代表「士」與「民」兩種不同階級。用現在的話來講就是，「君子」是白領階級，「小人」則是藍領階級。或者更精確的講，「民」指不識字、地位低，被剝奪公民權的下層社會民眾與苦力。而且，從殷商到周初、春秋時代的數百年間，「君子與小人」的概念頗有變化。

歷代儒學者如何註譯《論語》中「君子與小人」的觀點？比如，趙氏認爲「君子」都是春秋時代擁有奴隸的貴族。不只《論語》，許多古典也有類似用法。相對的，「小人」指「被支配者」，除了《論語》十二個例子之外，《詩經》也多次出現。

《論語》「君子與小人」的討論，明顯呈現人格對立。亦即，孔子有很明顯的階級意識。前述，孔子推崇古代周初典章制度，主張「克己復禮」，並強調「學」的重要性，希望鼓吹「模仿」古代而不期許「創新」（述而不作），是如假包換的極端尚古主義。正因如此，孔子擁護周初及更早的中國社會制度，他抱持階級概念，完全沒有超越時代的發想與思考。

八、從「人與民」發展到「國與民」對立

進入二十世紀，中國從帝制變成民國，又改政體與國體爲「人民共和國」。儘管如此，就算共產中國已從「社會主義」變成「權貴（特權貴族）、資本主義（國家資本主義、國家社會主義）」，還是沒有產生眞正的「國民」。

雖然民國時代，中國開始有「國民」觀念，但止於概念層次，從來不曾落實。即便人民共和國時代有所謂「人民」與「反人民」，卻沒有人討論「國民」或「公民」的概念。遷移到台灣的國民政府並未眞的支持、鼓勵形成「國民」，頂多也只是講「公民」，所以，我學生時代的中小學教科書有《公民與道德》，高中則背誦《三民主義》，同樣思想管制。這種情況的台灣，還是不存在「國民」。

中國兩千年來和民主化之前的台灣，爲何沒有「國民」？無非是因爲中國人相信「中國是一個『天下』，而不是『國家』」。「天下」是超越國家的「萬國」概念。統率天下萬民的人，是承天命而君臨萬國的「天子」。皇帝號稱「眞命天子」，原因在

此。中國文人自古被洗腦，接受這樣的概念，以爲中國是比國家位階更高、更超越的「天下」。當然，這也是強烈的自我優越意識。

中國人認爲「中國是超越國家的『天下』」，既然不重視「國民」概念，二十世紀爲何流行起「人民」的用語？原因是中國自古不只有「國」與「民」對立，「人」與「民」也對立。西方現代國民國家的「國」與「民」，彼此之間屬契約關係，各自有其權利義務。反之，中國的「國」與「民」非屬契約關係，彼此對立，因此有「國富民貧」、「剝民肥國」的成語，「國」與「民」關係緊張。

不只「國」與「民」對立，「天民」與「生民」都是虛構的概念，和國家政治權力的運作無關。中國古代的「天民」與「生民」，乃至於人民共和國時代常出現的「人民」，這三種概念和「國家」也不是對立，更精確的講，這三個用語都虛無飄渺，在國家運作過程中完全不具備重要性。

人民共和國「人民」與「反人民」這兩個對立用語，反映中國自古以來「人」與「民」對立的現實。《論語》中有非常多相關討論，比如：

■子曰：「道千乘之國，敬事而信，節用而愛人，使民以時。」（學而第一）

確實，孔子所謂「愛人」與「使民」，都把「人與民」當作對比概念。清朝學者劉逢祿撰寫《論語述何》指出，《論語》的「人」指「大臣與群臣」。漢朝儒學大師鄭玄爲《論語》做註，以及皇侃寫《論語義疏》，都區分「人」與「民」的概念，「人」指在朝廷任職者；「民」是蒙昧無知的廣大百姓。《論語・學而篇》所謂「愛人」，意思就是「珍惜大臣與官員」；「使民」則是「驅使窮人百姓」。

中國古代經書「人」與「民」乃是不同概念，「人」也常寫作「人君」。很多情況「人」指「君主」，反映「人爲上，民爲下」的階級劃分。

■定公問：「君使臣，臣事君，如之何？」孔子對曰：「君使臣以禮，臣事君以忠。」（八佾第三）

魯定公問孔子：「國君怎樣使喚部屬，部屬怎樣侍奉國君？」孔子說：「國君使喚部屬應合乎禮節，部屬要效忠國君。」

上位者驅使窮民百姓，中國古代文獻稱爲「使」。反之，居下位者服從上位者、爲其工作，稱爲「事」。

古代中國社會的「人」與「民」有明顯上下關係，維繫這種上下關係的規矩與做法，就是「禮」。孔子重視「禮」，不只強調「華夷之別」，「人」與「民」的上下區分也很重要。春秋時代，中國人身分地位混亂，孔子強調「禮」的重要性，希望像古代那樣上下階級分明。

人民共和國時代「紅五類」這種「人民」，以及「黑五類」這種「反人民」，反映階級意識與敵對意識，和中國兩千年傳統並無差異，仍是「人」與「民」對立。

前述，孔子時代「人」與「民」是不同的身分階級，《論語》等古典著作都有「使民」的用語。而能「使民」的，當然是「人」，也就是官員、在朝做官者。儒家擁護封建社會，努力維護社會階級，所以孔子強調「愛人」，卻未主張「愛民」。前述，《論語．泰伯第八》說，「民可使由之，不可使知之」，「民」指地位非常低的大眾。

掌握《論語》歷史與孔子時代背景，就能了解「人」與「民」的精確定義，不會陷入文字迷宮。換言之，要清楚了解「民」與「人」的概念區分，與其依賴後漢許愼所寫的《說文解字》，不如掌握先秦古代史，以及中國傳統階級制度、身分制度。

其中，孔子時代就算「人」與「民」不是敵對關係，至少還是有明顯的上下階級關係。因此，《學而篇》所謂「使民」，其中的「民」當然不是指西方民主國家的「國民」。同時，共產中國用馬克思主義的階級意識與階級鬥爭理論來注釋、解釋《論語》等中國古典，根本是扭曲事實，曲學阿世。

《論語》出現多達五十次「民」，出現「人」的次數更多，達二一三次。可見，《論語》更重視「人」這個概念代表的社會現象。至於「民」與「人」的差異何在？兩千年來，大量的《論語》「義疏」，以及各種經史研究與分析，都強調「使民」的概念。亦即，從頭到尾「民」都是被「驅使」的對象。

至於「人」的概念，孟子則有不同看法。孟子認為「人」與「禽獸」差異不大；但是，只有尊重且實踐「五倫」，才稱得上是「人」。

二十世紀中葉成立的人民共和國，其「人民」是指「紅五類」，但並非百分之百的中國人都是「人民」，這個國家約百分之五是「反人民」，也就是「黑五類」。類似孟子的邏輯，共產黨認為「反人民」經過「改造」，就可變成「人民」。人民中國的「人民」，其概念和孟子「人」的概念相同，「勞改」、「下放」等「改造人」的做法，也是中國自古以來的做法。另外，人民共和國發展出新的統治手法，進行非常多「反日宣傳」，連戰後的反日日本人，也甘願接受這種「洗腦」。

【第四章】

《論語》的教化思想

一、「有教無類」的說文解字

很多人以為「有教無類」這句話表現孔子無身分階級差異的「全民教育」觀念，認為孔子是最好的教育家，但事實上，早有人質疑「有教無類」在孔子時代的意思和現在不同，也就是，說這句話的孔子，教育觀未必沒有身分高低、超越階級。

「有教無類」出現在《論語．衛靈公篇》，因為是短短幾個字，直到西漢為止的大學者，包括春秋戰國時代諸子百家，幾乎沒有人對此進行討論。到了後漢時代，馬融（七九～一六六）才開始討論，特別是十九世紀末學者趙紀彬寫了一本《論語新探》。

趙紀彬為了注疏這句話，列舉十二位學者的看法。直到清朝末年，針對「有教無類」作注釋或註解的學者，除了王船山（一六一九～一六九三），絕大多數認為這句話代表孔子的「全民教育思想」，也就是，不問出身尊卑貴賤與階級，來學習的人都一視同仁，但這句話其實有問題。

孔子號稱學生三千人，不禁令我聯想到江戶時代的「石門心學塾」，以及明治維新志士群集的吉田松陰「松下村塾」，或者松下幸之助開辦、數十年來培育無數日本精英的「松下塾」。

綜觀孔子一生，簡單講，就是認為「古時候的一切超美好」，主張春秋各國想撥亂反正，最佳辦法是恢復古代周禮，提倡「仁」與「孝」等德行。但他周遊天下、向列國國君推銷這些觀念與主張，卻遭拒絕。孔子的思想與主張不被採用，原因應該很多，不會只是因為他非貴族出身且認為古代一切都很美好。

就「教育」而言，孔子那個時代的中國貴族與士族階級開始「就學」、「受教育」，主要科目是「六藝」也就是「書」、「詩」、「易」、「禮」、「樂」、「射」等。後來孔子開設私塾，把前述「六藝」中相當於武藝的「騎射」改成讀誦自賣自誇的《春秋》，但當時能受教育的基本上都是貴族與士族階級，孔子會那麼先進甚至有點突兀地主張「全民教育」，對平民甚至奴隸都提供教育嗎？不可否認，宋代朱子之前的學者，乃至於二十世紀重要學者如章炳麟（一八六九～一九三六）、劉師培（一八八四～一九一九）、梁啓超（一八七三～一九二九）、馮友蘭（一八九五～一九九〇）這些革命派乃至於維新派、無政府主義者、社會主義者等知名學者，都一致認定孔子所謂的「有教無類」是超越階級、沒有身分高低差別的「全民教育思想」。但這其實是用後代觀念去理解孔子的話，未必是孔子的本意。

首先，即使不討論孔子主觀想法，客觀而言，春秋時代的中國眞有實現「有教無類」的可能性嗎？二十世紀初，中國國民識字率仍非常低，可想而知，孔子所處的春秋時代，比例一定更低。

相反的，日本二、三百年前教育就已普及，江戶時代到日本的基督教傳教士、軍人、使節、學者與旅行者，就留下許多見聞錄。

其中，戰國時代就來日本傳教的法蘭西斯柯・札比耶爾，寫信向羅馬教宗報告，提到「日本人比西洋人識字率更高」。

爲何江戶時代日本教育那麼普及？主要原因是當時日本有很多私塾，特別是開在寺院的「寺小屋」。但我認爲，根本原因應該是鎌倉時代，日本佛教成立時期，出現熱烈的「寫經運動」，大大促使民眾識字。

二十世紀初，日本教育普及率接近一〇〇％。相對的，中國與朝鮮政府所擬訂的國民教育普及目標，只有二％。有人宣稱，當時中國與朝鮮識字率已達一〇％或更高，但那只是毫無根據的幻想。

以此反推，孔子所在的春秋時代，中國人識字率想必更低，在此情況下，該如何理解孔子《論語》「有教無類」這句話？首先，大家都知道孔子很頑固，主張「古代的就是美好」，因此最好「復古」。孔子既然如此堅持「尚古主義」，他會超先進地提出擺脫階級觀念的「全民教育思想」嗎？

所以，要了解孔子「有教無類」這句話的眞意，首先得重新認識春秋時代的社會背景，以及孔子的儒教本質。此外，歷史上許多「有教無類」的解釋、注釋與說文解字，也要一併討論。

清代學者凌鳴喈撰《論語教義》指出「誨人」意指教弟子「詩、禮、樂」，而春秋時代的「人」與「民」意思不僅不同，而且差別很大。前述，「民」代表沒受教育的下層階級，因此只能照著上位者的命令動作，不必讓他們了解指令的原因。事實上，直到十九世紀末甚至二十世紀初，中國還明顯存在「人」與「民」的身分階級差異。比如，十九世紀末，台灣首任巡撫劉銘傳寫給皇帝的奏摺提到，台灣西海岸平地居民「民四蕃六」。在此，「民」指漢化的原住民，「蕃」則是「生蕃」，亦即未被漢族同化的原住民。

認定階級低且未受教育的「民」知識水平低、愚昧，對於統治階級乃至於學者而言，治理「民」的有效方法無非「一個命令、一個動作」，亦即孔子所謂的「民可使由之」。不只古代，即便今天共產中國，統治階級仍維持「民可使由之，不可使知之」的傳統。既然如此，春秋時代孔子所謂的「有教無類」，可能就不是超越時代的先進教育觀念，而是中國傳統教育的階級觀。大部分人認爲「有教無類」的「有」是「有無」的「有」，但《論語》出現「有」一七三次，意思變化多端，「有」有時是「域」的同義語，《詩經・商頌・玄鳥》：「方命厥後，奄有九有」，其中第二個「有」指的就是「區域」。換言之，就像清朝文字學大師段玉裁（一七三五～一八一五）等人的見解，「有教無類」眞正意思是「必須讓民眾固定住在一個區域，才能沒遺漏、沒區別地對他們實施『教化』」。

前述，孔子時代的中國人認爲，階級較高的是「人」，較低的是「民」，因此有「誨人不倦」說法，卻不說「誨民不倦」。也因爲認定「民」階級低、愚昧，所以孔子才會說「民可使由之」，所謂「教民」，意思等於「治民」、「教化民眾」。附帶一提，「教」與「誨」字義差別在於，「誨」有要求對方悔過的意思；「教」則偏向教化、教令、教習、教練與訓練。

另外，「類」這個字的含意也值得討論，很多人認爲孔子「有教無類」的「類」，代表「尊卑」、「善惡」、「貧富」乃至於「身分」、「階級」，但就儒學用語而言，其實指的是「族群」。畢竟孔子那個時代，「人」與「民」的階級差異明顯，而且華夏民族鄙視「夷狄」，儒家思想「非我族類、其心必異」的觀念很強。

因此，把《論語》的「有教無類」解釋成所有低賤的「民」都和階級高的「人」平等，就會產生矛盾。而且，如果孔子主張並實踐無身分差別待遇的「全民教育主張」，則爲何三千弟子之中沒有任何女子與夷狄？反推可以證明，孔子「有教無類」這句話其實是指，並非任何來接受教育的都應給予平等對待。

二、「不可使知之」的教育正義觀念

「子曰：民可使由之，不可使知之」（泰伯第八），成爲近代以來最受爭議的《論語》主張，而且明顯呈現出孔教的政治意識形態。

前述，不只《論語》，秦漢之前的中國人認爲，「人」與「民」是完全不同的概念。其中，「民」階級低、未受教育而欠缺知識，因此孔子說「民可使由之，不可使知之」，意思是愚昧的「民」知識水平低，統治者只需指揮、下令要求他們做事，不必教育，讓他們了解政治等內涵。

後來許多人把「有教無類」理解成無身分差別的「全民教育觀」，顯然是「曲解」，而曲解經學的歷史在中國淵遠流長，自古以來就是儒家等眾多學派的惡習。

當然，出現「曲解」現象，可能也是因爲思想界容易區分門派的競爭結果。比如，《韓非子》指出，孔子歿後，門下形成八個派別，彼此攻擊，爭奪領導地位。

另外，諸子百家在孔子那個時代就已出現「託古」風潮，假托古代聖人說法，但其實是自己的意見。比如，不只孔子，孔子第十一代孫孔安國也僞作《古文尚書》；再如二十世紀初，有些儒家門徒寫文章，提出自己的主張，卻宣稱是康有爲的想法，這同樣也算是「僞學」。

中國人曲解別人的話，技巧高超、花樣百出。比如，「民可使由之」曲解成「民可，使由之」；「不可使知之」曲解成「不可，使知之」。「不可使知之」，也有人把意思扭曲成「不能使知之」。

話說回來，中國古代的「民」意思接近「盲」，差不多等於「奴隸」、「愚民」。既然如此，讓「民」接受教育，不會有效果。

到了二十世紀，這種觀念還普遍存在於中國。比如，發動「國民革命」的孫文，還是把民眾分爲「先知先覺」、「後知後覺」、「不知不覺」三種等級，並且自命爲「先知先覺」，認定革命志士是「後知後覺」，其餘社會大眾則屬「不知不覺」，認爲國家應由「先知先覺」的革命黨人掌控，由革命黨人教化愚笨到講也聽不懂的民眾。

所以，即便清末維新派的大學者梁啓超宣稱「民可使由之，不可使知之」，意思應該是「民可，使由之；不可，使知之」，亦即「民眾要是能了解、認同，那就可以指揮他們。民眾若無法理解、認同政府，那就讓他們了解」。但眞正中肯的看法，反而是橘樸的主張。橘樸是二十世紀日本著名的支那學者，他一針見血地指出：「『民』和儒教思想完全不同。儒教徹頭徹尾是『官』這個階級的想法。在中國，『官』與『民』可說是完全不同的『民族』」。

中國自古以來，所謂的「民」指的是奴隸、愚民。中國人心目中的「民」是盲目無知的群眾，因此統治階級最怕有人「嘩眾取寵」，而且不只古代，這種情況直到人民共和國時代仍未改變。廣大群眾無法取得國家重要的政治訊息，堪稱是新的奴隸制度。

就中國思想發展史的角度看，統治者一向認定「民」無藥可救，當然也不覺得有必要讓廣大群眾接受教育。因爲「民」知道更多事情，對爲政者反而有害。這是儒也就是官的基本想法與態度，倒不是進入共產時代、中國官方才特別箝制言論。例如，張之洞反對「民權」而主張強化「國權」的理由，是因爲最喜歡「民權」的是亂民，一旦「民」有了「權」就會作亂。

雖然二十世紀初民國時代，也有許多中國文人主張推行國民教育，當時反而是「讀書人」群起反對，宣稱：「連苦力都能唸書，那不是要斯文（儒教的學問與道德）掃地嗎？」

漢代之後，《論語》注疏陸續登場，其中，後漢鄭玄（一二七～二〇〇）這位大學者進行深入研究，針對「民可使由之」的註解如下：

「古代的『民』代表『冥』，乃通曉『人道』的群眾。『由』即『使之』。因爲『民』不能了解人的道理，所以無需加以教育。」

總之，「民乃無知，應指使他們、命令他們做事」，成爲漢代以來統治階級的共識，當然這也反映出《四書五經》對人的基本思想態度。而且，到了二十一世紀，中國人這類思想態度仍未改變。同理，中國人也認爲，中國人不必迎合、學習西方人帶來的民主與民權主義。至於孔子的定位，中國人認爲孔子是「聖人」，而不是宗教上的神，因此沒必要造神，因爲孔子地位本來就很崇高。

■子曰：「由！誨女知之乎！知之爲知之，不知爲不知，是知也。」（為政第二）

孔子告訴子路，「我這樣告訴你，懂嗎？能了解、掌握的東西，就先加以掌握；不能了解掌握的，就先放著不管，這就是智慧」。孔子的觀念是，貴族與士人階級能了解道理，因此可以教育；反之，聽不懂道理的人，不妨放著不管。

三、儒學的本質無非是壓抑創造性

孔子所處的時代乃是春秋末期，當時強大的諸侯——春秋五霸相繼成爲國際盟主，取代周王號令天下，並沒有類似今天美國主宰國際秩序、長期號令各國的國家。

抱持尚古主義的中國人不只孔子，即使到現在，仍有許多文化界人士有這種觀念。比如他們喜歡說，「中國自古就是強大國家，所以，二十一世紀將是中國人的世紀，應享有國際事務的裁決權」、「目前國際法是西洋人任意訂定的，中國人絕不接受」。既然如此，怎樣才是好的「世界秩序」呢?中國人會告訴你，應恢復古代中華天朝受封的朝貢秩序。確實，這些年來中國政府在外交方面的立場與態度是，拼命強調過去中國的強大，而且應該「回到過去的狀況」。

這種思維模式和孔子當時沒有兩樣。也就是，春秋五霸等諸侯取代周天子號令天下，孔子不認同，反而主張恢復「舊秩序」，也就是周天子重新執掌天下政權。爲了達成這項目標，孔子奔走列國推銷政治主張，爭取一官半職，卻碰了一鼻子灰，只好回到故鄉收學生開私塾，教導六藝，他發牢騷、抨擊社會的言論後來被收錄起來，就是《論語》。

用西歐的例子類比，孔子的思維模式就好比法國大革命後仍主張「舊體制」（ancien regime）的頑固守舊份子。這些頑固派滿腦子「人心不古、世風日下」，認爲古代的都美好，極力否定新價值。孔子這類思想千百年來普遍影響中國人，成爲中國文化最重要的性格之一，而始作俑者當然就是《論語》。

■子曰：「述而不作，信而好古，竊比於我老彭。」（述而第七）

孔子強調自己只祖述古人言論主張，並且希望自己能向古代賢人「老彭」（活到七六〇歲，號稱「彭祖」）看齊。孔子對新奇事物與做法毫無興趣，只希望重現往日「美好的一切」。

我學生時代在台灣唸書，老師也都要求學生「不要標新立異」，認爲學生本份是乖乖照老師的指示與教法，不要提出新奇或不同見解。中國人的基本觀念是，教育就是塡塞知識，不容許學生持「異見」。

■子曰：「吾嘗終日不食，終夜不寢，以思，無益，不如學也。」（衛靈公第十五）

孔子強調，他曾廢寢忘食進行思索，卻遠遠比不上「學」。但問題是，中國人所謂的「學」，其實價值很低。比如，中國人發展學問二千年，但就是產生不了倫理學、哲學、物理學與數學等學問。

■子曰：「學而不思則罔，思而不學則殆。」（為政第二）

表面上看起來，孔子主張「學」與「思」並重。確實，如果只學習而不思考，一定有很多地方搞不清楚；但孔子所謂「思而不學」會「造成危險」，意思是不全照老師說的做，而是發揮創意思考與質疑精神，提出不同主張，那就「很危險」。

這無非是否定「思索」與「思考」的價值。

另外，孔子說：「學而時習之，不亦樂乎。」（學而第一）

前述，孔子認定的「學」是遵守老師與古人教誨。孔子不認同「創新思考、提出不同見解」的價值，主張先「學」了再反覆「複習」即可。

再者，《論語・述而第七》說，「我非生而知之者。好古敏以求之者也」，又說「信而好古」。他相信，古代的最美好，因此希望恢復早期的周代制度。

為何孔子如此強調「學」？可能是少年貧窮體驗所致。

「吾少也賤，故多能鄙事。君子多乎哉。不多也」（子罕第九）。又說「我非生而知之者，好古敏以求之者也」（述而第七），坦承自己不是天生聰明博學，而是自幼家貧，才多方學習。

針對不同學習模式，孔子的優劣判準是，「生而知之者，上也。學而知之者，次也。困而學之，又其次也。困而不學，民斯為下矣。」（季氏第十六）

孔子認為，天生聰明、不學也能擁有才智的是「天才」。但天才很少，一般人必須努力學習。亦即，人出生時狀況差不多，但有學習和沒學習，久了會產生很大的差異，正是「子曰：性相近也，習相遠也」《論語・陽貨第十七》，同樣看法也出現在《三字經》的「性相近，習相遠」。

話說回來，孔子認定的「學」是怎麼回事？「知之者不如好之者。好知者不如樂之者」（雍也第六）這句話顯示，孔子認爲追求學問不能只「吸收知識」，更重要的是喜好學問，「樂在追求知識」。只是孔子眼中的「好學者」，終究只是全面接收老師的見解與主張，像猴子那樣背起來。這種學習模式持續推廣二千年，也就成爲中國人「尚古主義」、「思想化石化」的元兇。

四、「溫故」就能「知新」？

「溫故而知新，可以爲師矣」（為政第二）。「溫故知新」後來變成中國人朗朗上口的成語。這句話背後邏輯還算合理，但從今天的角度看，還是改成「溫故而創新」，更有進步精神。附帶一提，這裡所謂「溫」，鄭玄認爲是「反覆學習」、「複習」；朱子認爲是「探求學問」。

「溫故」與「知新」的關係，自古以來中國人有各種看法。其中，孔子認爲「古代的一切最美好」、「現在的都不行」，堪稱「尙古派」的代表人物。

尙古派中國人抱持「古是今非」觀，動不動就批判「當今一切都亂七八糟」。他們最常掛在嘴邊的一句話是「人心不古，世風日下」。

孔子又說：「古之學者爲己，今之學者爲人。」（憲問第十四）

表面上看起來，這裡的「今之學者」好像較有公共精神，但孔子語氣卻帶批判。基本上，諸子百家之中，儒家是比較重視「私我」的。

確實，孔子闡述倫理道德，都在講「作爲一個人」應抱持的觀念。相對的，老莊宣揚的倫理道德相當具有公共色彩，符合前述「道」的精神。正因爲孔子幾乎只講個人道德，才會被墨子批判。墨子說，「仁乃私愛，故應『兼愛』（博愛）」。

至於前面孔子說「古之學者爲己」，這句話眞正意思是「博取名聲」。可見，孔子終究還是喜歡「褒古貶今」。

孔子會有此感嘆，其實是有歷史背景的。話說，中國春秋末期到戰國末期的孔孟時代，戰爭頻率與規模提高。其中，秦國與趙國兩大強權的「長平之戰」，趙軍四十餘萬部隊投降，卻仍被秦將白起一夜活埋。秦統一天下後，屠殺城池不計其數。

思想家韓非對這類現象有非常精確的分析，「昔物多人少，今人多物少，故爭鬥不絕。」意思是戰亂不斷，無非是因爲人口暴增。那該如何解決？韓非的看法是「俠以劍，士以筆，皆亂天下，儒者我執，揚古貶今，應約之以法」。

中文成語「守株待兔」，就是出自《韓非子》。話說，宋國一處農村，某日兔子奔跑撞到斷掉的樹枝，農夫經過撿到便宜，心想會有第二隻撞死，就放棄耕種而守在樹旁。

《韓非子》一書探討人性，指出社會亂源的原因，並提示解決方案。其討論層面非常廣，媲美西方著名政治學者馬基維利的《君王論》。這兩本書都闡述統治國家須運用權謀術數，堪稱「冷酷人間學」。

當時尚未統一天下的秦王政（後來的始皇帝）讀了《韓非子》，說「這本書讓我太感動了，如果能和作者見上一面，死而無憾」。據說，這也是秦始皇統一天下後「焚書坑儒」的重要原因。確實，始皇帝消滅六國、結束「周」朝，完全是「創新」概念，哪能容許儒家繼續宣揚「古代美好」？但也不能說儒家只會強調「古代美好」。比如，有人問孟子「老師您昨天講的話和今天不一樣」，孟子回答：情況改變，說法與主張當然也不同。

中國人喜歡讀歷史，讀歷史最大優點是可避免「重蹈覆轍」。中國人總愛強調「前事不忘，後事之師（仔細了解、記得之前發生什麼事，可作為今後做事的參考）」。

不只中國，韓國人近年來也強調「挖出歷史眞相」、「不了解眞實歷史的人等於盲目」，要求日本「面對歷史、認識歷史」，針對日本出兵、佔領韓國一事道歉。客觀而言，歷史確實重要，但怎樣「認識歷史」才是關鍵。

中國歷朝歷代撰寫「歷史」都有特定政治目的。比如，孔子根據史官所寫的資料編纂魯國歷史，並且藉機宣揚「大義名分」的概念。孔子編纂《春秋》主要目的就是推銷他的「尊王攘夷」觀念。所以，相對於司馬遷的《史記》採紀傳體，《春秋》用編年史方式寫成，表面上沒有歷史評論，但其實在大大小小章節之中都發表「微言大義」。只不過因爲講的不清不楚，後來《春秋》出現三種不同注釋，進而形成三大流派。這些流派爭奪主導權，出現許多僞作、「造假」的歷史。

中國人這種學習歷史的方法，久而久之形成「捏造歷史」的歪風，直到十九世紀末仍未改變。清朝末年維新派大將、今文派康有爲宣稱，《左傳》（譯釋：《春秋》三大流派注釋之一）隱含「微言大義」，而且，那些微言大義和自己的主張不謀而合。

這和近年來中國與韓國不斷逼迫日本「正確歷史認識」如出一轍。類似做法，中國自古以來司空見慣。比如，注解《春秋》三大流派之一的「左傳派」，搭著陰陽五行讖緯思想的流行便車，大量捏造「經典」，流風所及，之後中國各朝代出現無數僞作。而中國捏造、僞造歷史的歪風，始作俑者正是孔子「溫故知新」這句話。

原因何在？簡單講，「溫故知新」是一種空想妄想。古代典籍記錄的是「前人」（已過世之人）的言行，正因爲是「古人」，早已不在人世，當然很容易出現活著的人用自己的觀點套在古人頭上的情形。這正是孟子所謂的「彼一時也，此一時也」，在此情況下，即使眞的想「溫故」也是不可能的，因爲每個人看到的「故」都不一樣。話說回來，中國實質上不存在「溫故知新」，並不代表其他國家或時代也不可能。畢竟思想學問總有一些是眞金不怕火煉的，比如，日本偉大俳句詩人芭蕉很重視的「不易流行」概念，也可用來進行歷史學習與歷史認識。最好的例子是，明治維新時代維護天皇體制，但也追求各式各樣的「日進月步」，完全掌握芭蕉「不易流行」的眞髓。反之，二十世紀末中國改革開放，之後卻是「年年不一樣」。勉強講，是有「新」沒錯，但卻是早把「故」拋到腦外、踩在腳下。所以我說，中國人所謂「溫故知新」，其實是玩假的，光說不練。

五、如何處理政治恩怨？

或曰：「以德報怨，何如？」子曰：「何以報德？以直報怨，以德報德。」（憲問第十四）

這段話的緣由是，孔子學生某人拿同時代人物老子「以德報怨」這句話來問孔子的意見，孔子反駁，認為這樣做沒辦法報答對你有恩、有德的人，主張「以直報怨，以德報德」。

這裡所謂「直」，意思是「有來有往」、「直來直往」，顯然，孔子的看法是別人欺負、傷害你而和你結仇，如果你完全寬恕對方、善待對方，就會讓自己損失。孔子認為，有仇報仇、「直來直往」才是正確做法，而這也正是儒家所謂「勸善懲惡」的觀念。總之，孔子認為眞正的「大義」應當是「以怨抱怨、以恩報恩」。

和孔子相同觀念、主張「以牙還牙，以眼還眼」的還有伊斯蘭教。想法和老子類似的有基督教、佛教以及日本的「祓禊」思想。

孔子「以怨報怨，以德報德」的主張，是二千年來中國歷代政權的主要方針，掌權者普遍抱持這種想法，因此和民眾特別是前面提到的「民」產生衝突，今天中國西藏與新疆維吾爾問題雖牽涉種族差異，背後關鍵其實是孔子對決釋尊、孔子對決穆罕默德的思想。

日本與中國這些年「歷史認識」的政治糾葛，中國人狂喊「日本的仇，我們還沒報完呢！」反對日中和解與友好，中國官員與文人更宣稱「一定要完成對日復仇，才能談中日友好」。可見，不能深入掌握中國人的思想史與精神史，日本絕難與中國友好相處，建立友誼。

長期獨尊儒教，中國人的思考模式深受孔子影響，其中除了「華夷分別」觀念，中國人還抱持儒家特有「德」的觀念。倒是，想精確掌握中國人處理國際恩怨的模式，只閱讀《論語》與《四書五經》還不夠。

孔子當初寫《春秋》以闡述儒國歷史觀，藉機宣揚所謂尊王攘夷的「大義名分」。當時魯國等中原地區國家遭受最大的威脅，無非是勢力越來越強，眼看就要併吞吳越的長江文明楚國。楚國被中原國家稱爲「南蠻」、「楚蠻」，亦即落後、野蠻的民族國家。即便夏、殷、周三代、長達二千多年華夏民族主宰中原，區域內仍有外族。比如，春秋時代中原有「陸渾戎」，戰國時代則有白狄建立的「中山王國」。

統一中國的始皇帝維持華夏優越思想，利用長城實施種族隔離政策，在華夏與北方異族之間劃出不可跨越的界線。後來匈奴帝國內部分裂，南匈奴之所以移居中原，主因是漢末天下大亂、連年爭戰，中原人口劇減，勞動力不足。

換言之，所謂「五胡」，主要就是扮演「外勞」的角色。他們大量移居中原，到了三國時代特別是之後的晉代，中原地區華夏民族所佔人口比，已經掉到一半左右。進入五胡十六國與南北朝時代後，華人與漢人被迫往南遷徙，進入百越土地。隋唐建國者乃是土耳其人（鮮卑系突厥人）。唐之後的中華帝國包括遼、金（夷）與宋（華）、元（夷）、明（華）、清（夷），統治者大體上是「華夷交替」。

宋朝時興起新儒教，其中，朱子學極端主張「華夷分別」，陽明學更強調屠殺夷狄的正當性，稱爲「天誅」。陽明學開宗祖師王陽明出任兵部尚書（國防部長），對南方蠻夷實施「種族滅絕政策」。對於儒教而言，「華夷問題」是棘手課題，陽明學之後的新儒教主張「夷狄是禽獸」，因此，殺夷狄並非「不仁」，對夷狄毀約背信不算「不信不義」。

其實，儒教的困境不只文明與野蠻對立的華夷衝突問題，更重要的是儒教沒辦法解決個人「德」與公共性「道」的矛盾衝突。可以說，千百年來儒教最大的罩門是「華與夷」、「德與道」的對立。

這樣的對立不僅無法解決，還持續激化、複雜化，主要原因是儒教反映了孔孟政治性格。春秋時代，諸子百家思想各自發揮，儒教與老子道家不同思想主張相互競爭，後來獨尊儒術，儒教成爲官方意識形態，久而久之，造成中國人思想僵化。

簡單講就是，長期獨尊儒術使中國變成「道德最低」的國度。這個國家文人與統治者喜歡高談闊論、宣揚德行，越是掌權者越僞善，越摧毀民眾創造力與想像力，整個國家的思想文化奄奄一息。不論孔孟時代的古儒教，還是宋明時代與中華人民共和國的「新・新儒教」，都是相同模式，矛盾越來越嚴重，問題更難解決。

前述，正因爲儒教認定的「大義名分」邏輯奇怪，長期以來，中國人在思想層面上很難和伊斯蘭教的「大義」、基督教的「正義」以及日本的「道義」溝通互動，這也註定中國與周遭宗教不斷衝突。

儒教教育系統重視所謂的「民族英雄」，我在台灣唸中小學，被灌輸以民族英雄岳飛、文天祥、史可法等漢人爲主的中華民族意識。漢民族，特別是儒教，最尊崇「漢武帝」，因爲他征服、統治了許多外族。敵視並希望征服外族（非漢族）的「中華民族主義」，勢必激化國家內部的文化衝突與文明衝突，被征服的非漢族未必願意服從儒教的思想主張。

即便現在許多中國人宣稱，元朝開創者成吉思汗與清朝開創者努爾哈赤都是「中國人的祖先」，終究還是無法緩和大中華民族嚴重的內在矛盾。畢竟孔子主張「以德報德、以怨報怨」，在這種強調報復主義的思維下，中國人對於不同思想主張的外族絕不可能展現寬容態度，也因此，註定會繼續在國際與國內不同種族之間造成更多衝突。

正因爲找不到化解「華與夷」、「德與道」這種二元對立的方法，所以，無論怎麼把儒教定於一尊，「國家安定」始終是中國從古到今的最大課題。

六、戰後日中韓不斷上演「要求日本反省」鬧劇的實況

「吾日三省吾身」這句名言出自《論語・學而篇一》，日本大書店「三省堂」就是以此命名。其原文是，

曾子曰：「吾日三省吾身——爲人謀而不忠乎？與朋友交而不信乎？傳不習乎？」

孔子重視「反省自己」，曾子每天回顧自己是否做好「忠」、「信」與「習」（複習、實踐老師的教誨）。除此之外，《論語》也提到：

「過則勿憚改。」（學而第一）

「過而不改，是謂過矣。」（衛靈公第十五）

「吾未見能見其過而內自訟者也。」（公治長第五）

一九八〇年代，中韓政府和部分日本政治人物聯手演出「反省與謝罪劇」，成爲日本與中國、韓國交往的主要戲碼。就像日本古裝片「水戶黃門」的「阿助」與「阿格」，兩人代表「水戶黃門」（江戶幕府直系諸侯、位高權重）微服出巡，打擊魚肉良民的壞蛋，遭受挑戰之際拿出官印，喝令對方「看到這官印還不下跪！」換言之，和日本出現利益衝突，中韓兩國就搬出「正確歷史認識」這顆「官印」，要求日本政府「反省與謝罪」，連續幾任日本首相竟也屈服，甘心配合地用「借款」代替「謝罪金」的形式認罪。

如果眞得向中國與韓國謝罪，該謝罪的人早就過世，爲何不相關的後代得背負沒完沒了的「謝罪責任」？這根本是鬧劇，就連日本小學老師也被迫「向韓國小學生謝罪」，受國民歡迎的小泉首相，甚至在某場亞洲國際會議上向全世界「不特定多數人類」謝罪。荒腔走板，不勝枚舉，不知要演到什麼時候。

確實，日本人自古喜歡「反省與謝罪」，爆發醜聞或經營不善等問題，企業經營者現身鞠躬謝罪，是日本電視常見畫面，久而久之，各國民眾以爲這是「日本特色」，惡搞的模仿節目於是找來一批訓練過的猴子，有模有樣不斷鞠躬謝罪，引來觀眾哈哈大笑。

但中國人所謂的「謝罪與悔改」，其實是完全不同的概念，簡單講就是「壓迫人至死」。比如，舉國瘋狂「鬥爭、批判、改革」的中國文化大革命，被紅衛兵戴上三角帽遊街示眾的中老年人，很多都是被不斷咒罵「死不悔改」，活活打死。

中日韓這些年上演的「反省謝罪劇」，根本就是一種SM（性虐待）。曾子宣稱「吾日三省吾身」，但正如前述，孔子早就「露餡」地坦白，「吾未見能見其過而內自訟者」，亦即，中國人根本是不知反省與謝罪的民族，卻拼命要求日本反省與謝罪，寧不怪乎？中國人只會要求別人反省，自己絕對不反省，連《藏書》作者李卓吾和顧炎武都要嘆息不已。

中國人不知反省，久而久之，變成自我中心、中華獨大。明明日本人已經「反省謝罪」，卻得寸進尺，要求日方繼續加碼演出，整個「謝罪劇」變成灑狗血、超噁心，讓日本民眾噁心反胃、看不下去。

中國拼命要求日本「反省謝罪」，背後還有一個原因，那就是轉移內部統治失敗的焦點。戰後中國「建設社會主義國家」的過程捅出大婁子，「大躍進」的農業政策失敗，數千萬人餓死，文革期間瘋狂階級鬥爭等等，文革結束後，中共黨大會也不得不承認，文革是一場「十年浩劫」。

文革後中國政權問題重重，共產黨照樣一黨專政、黨員地位高高在上，太子黨與官員普遍貪污，爲了轉移民眾注意力，只好繼續逼日本合演「謝罪劇」。前述，曾子「吾日三省吾身」的「三省」，反省自己是否對他人犯錯，只是指有沒有努力幫別人做事、守信用、用功學習。曾子強調「三省吾身」，其實也是呼應孔子「未見能見其過而內自訟者」。中國人二千年前就喜歡「硬拗」、「顛倒是非」，產生「修正主義＝壞蛋」的價值觀。然而時代不同，教條爲什麼不能「修正」？

與此對比，日本人自古相信，每個人身心都有骯髒之處，必須水邊「祓禊」，才能讓過錯「放水流」。最好的例子是古代神話中天照大神的弟弟「須佐之男命」大鬧高天原（天庭），後來在斐之川淨身祓禊，於是成爲備受民眾敬愛的神。類似這樣追求「自我清靜」，就是日本人的固有性格。

在此不禁要問一個問題，孔子會「反省」嗎？我的看法是，孔子不可能「三省吾身」，因爲他認爲自己言行思想最崇高、正確（後代中國人稱之為「至聖先師」），當然沒必要「反省」。孔子抱持強烈優越感，這樣的優越感也呈現在今天中國人身上。中國人老是說「你們日本人當初就是模仿我們唐朝文化才能進入文明的……」，這樣的優越感讓中國人相信，日本人是否該繼續反省謝罪，完全得看中國人願不願意原諒，也就是中國人說了算。

前述，中國人是「超會拗」、「死不認錯」的民族，很多日本人不了解這項本質，反而稱讚文革期間中國人的「坦白」與「勇於反省」。文革初期，文化界大老郭沫若率先在紅衛兵面前公開「自我批判」，「掌權派」紛紛跟進。表面上看起來，中國人都在自我批判、反省，但其實中國人的遊戲規則是，「反省」、「認錯」等於「投降」，政治鬥爭失敗、即將垮台的人才需要「反省認錯」。如果被踹倒之前還不知下跪認錯，會遭受更殘忍的攻擊，說是「死不悔改」。

所以，中國人不要說「吾日三省吾身」，根本就是「絕不可能反省」。特別是權力鬥爭激烈的中國政壇，政治人物兇殘批鬥，逼迫對方「反省認錯」，自己的權力才能穩固。所以說「中國人是不知認錯反省爲何物」的民族，並不爲過。

七、孩子應當掩飾父母親的犯罪嗎？

《論語・子路第十三》點出一個問題，那就是「親子相互掩飾犯罪」是否具有道德正當性？事情的緣由是，有位名叫「葉公」的人告訴孔子，他們附近有個成年男子偷了別人家的羊，小偷的孩子出面舉發父親犯罪。葉公請教孔子看法，孔子回答：

> 吾黨之直者，異於是。父爲子隱，子爲父隱。直在其中矣。

孔子認爲父親包庇孩子，孩子包庇父親，符合「直」也就是「正直」的定義。

儒家喜歡強調三德、四維、五常（五倫），儒家倫理主張的重點，可說就是強化家族成員的內聚力，相互照顧甚至包庇對方。照這樣的邏輯，奉行儒教的國家自然就會盛行「德治＝人治」主義，而春秋戰國諸子百家之中，春秋初期的管仲以及法家所抱持的社會觀，其與儒教最大差異正在於此。

孔子認爲親子相互包庇犯罪的「德行」，顯然是一種偏重「私」的倫理思考。中國統治者只重視一家一族，「家天下」的觀念顯然就是由此而來，梁啓超也因此才會說「中國完全不存在社會道德」。中國人喜歡頌揚的「江湖社會」，其實就是一種沒法律的社會狀態。中國到二十世紀還沒有西方的「社會」概念，即使曾出現也尚未成熟，今天人民共和國的中國人，更是只重視「單位」，不在乎「社會」。

中國人到二十世紀還在宣揚「四維八德」，事實上這些道德德目有許多矛盾，特別是「孝」與「忠」很難並存，人們常得二者擇一。

前述，儒家所推許的「德」偏重「私」，因此和「公」的「道」形成對立。漢武帝獨尊儒術，但二千年來，中國實質上並未獨尊儒術。換言之，「中國是儒教國家」只是場面話，歷代政權眞正實行的並非儒教。類似這樣說一套做一套，長期以來，不只養成中國人雙重、虛假性格，更讓「官」與「民」變成不同人種。

中國《四書五經》的《五經》，幾乎都是孔子之前就已成立的經典。古老中國到春秋戰國時代，還是最重視宗族、氏族，中國人完全沒有「公」的概念，思想、倫理與風俗習慣都受這種歷史環境（條件）制約，難以擺脫、超越。即使近代帶來某些變化，基本上，中國還是以家族爲中心的社會結構，沒有太大改變。

馬克斯．韋伯說中國是「家產制國家」。統治者只重視自己的家族，政權走「家天下」路線，像「仁」這樣只重視家族成員甚至包庇對方的「德行」，竟是中國人的核心道德信仰。二十一世紀的中國仍盛行整個家族彼此奧援、相互包庇犯罪的「私倫理」。中國人認爲，承受天命的天子擁有統治天下萬民的正當性。中國人設定「德治」模式，認爲君主都是有德者，可作人民典範，但一來國君幾乎都不是有德者，就算天子是「有德者」，也不可能發揮如此大的影響力。

總之，中國歷代政權統治哲學並非儒教路線，而是《韓非子》的主張。而《韓非子》指出，政權統治有「二柄」（二大法門），是指「賞罰並重」，就是胡蘿蔔搭配棍棒。二千年中國史顯示，各朝代如果沒有重賞與嚴罰，根本無法統治國家，讓人民服從。不論歷代王朝的「正史」，還是《春秋》、《資治通鑑》、《續資治通鑑》、《明通鑑》等編年史，都說明了這樣的歷史事實。易言之，中國是如假包換的「外儒內法」或「陽儒陰法」的國度，掛「德治＝人治」的羊頭，賣「法治＝刑治」的狗肉。

比如，堪稱中國歷史最「黑暗時代」的明朝，統治手段之乖張，令人咋舌。明太祖一再誅殺功臣，而且「誅九族」，遇害人數據說數十萬。不相信大臣的明朝皇帝廢除三軍制度，皇帝一人獨攬軍權，宰相職務也一併取消。即便中國人早就說皇帝承受天命，是所謂的「眞命天子」，但眞的可能萬能到一個人就能統治萬民？

結果變成明朝皇帝得成立「東廠」這樣的特務機構，作爲耳目與手腳。後來發現「東廠」不夠，又弄出一個「西廠」。然後又害怕「東廠」與「西廠」擅權，另外設一個「內廠」加以牽制。宮廷之外，以特務機構作耳目，宮廷內大肆實施「廷杖」，講話讓天子覺得不舒服，老臣也躲不掉皮開肉綻的廷杖，體力不佳的多因此喪命。

取代明朝君臨中國的是清朝。清朝由異民族滿洲人創立，有人（柏楊）說清朝是中國史上民眾最幸福的朝代，這無疑是對漢民族最大的諷刺。

漢民族擁護的儒教理論認爲，天子具有最高德性，並且用德性就足以治理國家，這就是所謂的「陰陽五行」學說。只不過現實並非如此，支撐政權轉換的力量主要是「馬上取天下」的「易姓革命」。

按照儒家理論，「德治」也就是「人治」，是最佳的政治運作模式，「民意」並不重要，君主只要重視「天意」即可，因爲他們相信王權來自「神授」（天賦帝權），認爲大臣也會服膺這種理念。

但掌握權力的大臣眞正重視的其實是「送禮」，中國因此很早就形成根深蒂固的賄賂文化傳統。中國政治圈沒有賄賂難以運作，很快就會混亂，引來「易姓革命」。因果循環，賄賂成爲中國最具「民族特色」的政治文化。

二千年來，沒有任何中國皇帝眞正重視「德治」，反而用力實踐「帝治」、「帝道」，所以中國皇帝其實不會在乎「王道與霸道何者優先」的問題，頂多只會在「帝道」或「霸道」之中做選擇。當然，現代西方文明國家都已放棄「帝道」與「霸道」而實施民主，「民意」（民道）成爲政權與國家存在的基本條件，廣大民眾所形成的共識則是「法治」。「法治」精神是廣大民眾的最大公約數。

總而言之，「親子應相互照顧甚至包庇犯罪」，中國人二千多年來奉行這種道德觀念，其根源就是孔子主張的「家族道德」。前述，眼中只有一家一族利益的行爲哲學，容易出現強大家族發動叛變、取代另一個家族當皇帝的「易姓革命」。追根究柢，孔子所謂的「德治」，已經變質成爲超扭曲的觀念主張，那就是《莊子．盜跖篇》諷刺的「盜人修五倫之德則爲盜聖」，以及日本諺語「小偷也有三分道理」。而且，中國人不像日本人只是含蓄地說「盜賊也有正當性」，包括孔子在內，很多中國人認定「能照顧自己的利益就有正當性」。

八、「文之國」中國的內在矛盾

如果拿日本與中國對比，可說日本重視「武」，中國重視「文」。也有人指出，日本是「工匠之國」，中國是「商人之國」。如此對比，有助於我們了解中國以及中國人的精神內涵。二千多年來，中國給人的感覺就是「皇帝之國」，雖然中國人喜歡說「民以食爲天」、「以農立國」，感覺很重視農民，但都市民眾在整個國家扮演的角色，其實遠比農民重要。

中國人自古重視經商，漢族自稱「華夏」，特別是「夏」字的語源是有做生意含意的「價」與「賈」。殷代就更不用講，可直接稱爲「商朝」。日本舊支那專家橘樸認爲，官與民在中國早就是完全不同的「民族」。

中國重武更甚重文。戰爭非常頻繁，常出現改朝換代的易姓革命，「馬上取天下」也就是武力推翻政權，是這個國家的慣性原理。

宋朝之後的中國官吏幾乎都是文人，但開創天下的人相反，都很會打仗。原因是新政權都是靠武力廝殺搶來的，沒實施「軍國主義」，不可能當皇帝。

孔子既非貴族也不是武士出身，這種身分想擔任官職，在中國非常困難。《史記》說孔子連續登門拜訪七十二位國君求官，全都吃了閉門羹，簡直就是「喪家之犬」。可見當時孔子多麼潦倒與落魄。

放棄做官夢想後，他回到魯國開設私人學校。因爲憧憬周初政治、佩服聖人周公，他的私人學校主要課程是「六藝」。雖然「六藝」也包括「射」與「御」兩種，但在春秋時代諸子百家之中，儒家可說最重視「文」，「武」的含量最少。

孔子自述，十五歲之後才開始努力向學，但他並非貴族出身，如何清楚了解超過一千年前的殷代之禮？弟子之中最年輕的子張問孔子如何能辦到，孔子回答，「禮的相關做法都有其傳承脈絡」，但那畢竟是幾乎沒有文獻的時代，難不成是孔子擔任巫女的母親教他「通靈之術」？

孔子重「文」而不重「武」，《論語》之中有如下解釋。

子曰：「周鑑於二代，郁郁乎文哉，吾從周。」（八佾第三）

孔子說：周朝繼承夏朝與殷朝的禮制，豐富而發達，我實在非常憧憬周朝文化，眞的很想活在那個時代。

「質勝文則野，文勝質則史。文質彬彬然後君子乎。」（雍也第六）

「質」，指有德行但木訥；「文」則是有文化氣質、守禮。「史」最初指史官、文化人。這段話意思是，素樸、有德行的人發展更多文化氣質，就能成爲君子。孔子認爲，文化人應該內具德行，外修儀禮，內外修養兼備，這便是孔子心目中理想的文人。

日本人和中國人常把「重武之國」與「重文之國」拿來對比。中國人根據易經陰陽思想，認爲朝代遞嬗乃是常道。另一方面，日本可稱爲「武之國」。但事實上，即便長達八百年的武士時代，日本不只重視武，而是以文武兩道兼備爲理想。只知武術蠻力的人，頂多只是「野武士」，稱不上眞正的武士道。

中國文人根深蒂固的觀念是，非常排斥「武」，認爲只會武術的人，不值得尊重。中國成語「秀才遇到兵，有理說不清」，顯示讀書人看不起武人。總之，日本武士道

「文武兼備」；堪稱「文士之國」的中國，反而是文人與武士兩種相互對立的價值。

中國自古以來改朝換代之際，地方官僚也全部換過，而且大部分由中央派任。爲了防範官吏造反，通常不到三年就調動。

而且，派赴地方的官員最好不熟悉當地語言，因此必須透過非科舉考試出身的「吏」（約僱人員）翻譯。「父母官」和當地百姓語言不通，官與民其實是一種對立狀態。目前人民共和國的共產中國繼承這項傳統，更因爲只有共產黨員才能出任官職，官民對立更加明顯。

中國順口溜說：「上有政策，下有對策」，黨中央與北京政府發號施令，地方未必照單全收。地方官員認爲北京方面是「中央霸權主義」，中央政府則指控地方實力派官員「地方山頭主義」。

獨尊儒術的漢朝之後，基本上中國是「農本主義國家」，長期實施重農輕商政策，強調「農爲本，商爲末」。某些城市商業發達，就可能遭受批判，說「商人與民爭利」。更誇張的是，有些儒者主張「廢除貨幣制度」。這類迂腐觀念一路持續到清朝末年，知識份子推展洋務運動，還是只能「中體西用」，二十世紀後半推行改革開放，中共高層仍堅持以「社會主義」爲本，市場經濟只是「枝微末節」。

除了三國時代，大部分朝代都受《論語》影響，認爲「孝順」是任用官僚的重要條件。孔子強調，「其爲人也孝悌，而好犯上者鮮矣」，漢代盛行「孝子」出任官職，稱爲「舉孝廉」。後來，因爲隋唐是貴族聯合政權，從而發展出科舉制度，企圖用「科舉官僚」對抗跋扈、失控的貴族。

到了宋代，地主取代貴族成爲社會中堅份子。科舉變成「登龍門」的捷徑，受到廣大中國人重視。科舉教科書主要是《四書五經》。其中，號稱「半部」就能「治天下」的《論語》乃首要教材，「孝」與「仁」等《論語》宣揚的道德，乃至於「三德」、「四維」也變成科舉重要內容，以及政權統治、天下統一的關鍵法門。

歷代中國皇帝喜歡宣揚「孝」與「仁」，表面上中國是個「道德之國」，事實上，對於政權維繫與正當性而言，「道統」才是關鍵所在。只是，這個長期宣揚「孝」與「仁」的文人國家，舉國相信「文章乃經國之大事」，知識份子乃至於官員過度憧憬、重視文章與詩詞，唱歌與跳舞等其他技能，則被認爲「不入流」。

戰國時代，「諸子百家」各種學說，頂多只有「目的方法論」；中國人出現「認識論」，乃是佛教東來約七百、一千年後，也就是宋代的理氣之學。

不只哲學，中國人也欠缺自然與社會科學體質，相關文化發展落後，甚至一片空白。中國人只想「贏過對方」、「偷別人的技術」，而不願投入基礎科學研究與技術開發。

中國人「贏對方就可掌握一切」的思維模式，最明顯的是「馬上取天下」，打敗執政者就能當皇帝，投資報酬率大得嚇人。中國人有「易姓天下」的傳統，歷代皇帝則青睞「儒教」學說，爲了壓抑、牽制「武」，儒教過度強調「文」，漢朝獨尊儒術之後，不只百家諸學受到排斥，各行各業、百藝百能更是全被打爲「賤業」。

雖然和基督教、伊斯蘭教國家相比，信仰儒教的中國歷代王朝堪稱「文之國」，但不只孔孟儒學，連新儒學陽明學也極端排斥儒教之外的所有學術主張，認爲不消滅異種異類，儒教就無法生存。

簡單講，盛行儒教的中國人有強烈「定於一尊」的觀念，就像《論語》所顯示的，十足是一種「不寬容之學」。因此，儒教經典《中庸》所謂的「中」，其實不能理解爲「非左、非右而是中間」，畢竟儒教立場根本就是走極端，哪有「中庸」可言？

【第五章】

如何閱讀《論語》等經典

一、問題多多的漢字與漢文體系之侷限

不只《論語》，中國古代經典《四書五經》都很難正確地加以注釋、解讀。原因是漢字與漢文具有「表意」特色，因此，即便同樣的文字幾千年前就誕生，而且出現不同的字體與寫法，用來書寫的媒介也從三千年前的甲骨文（更早之前是陶紋），逐步變成金石、木竹、布帛，但整體而言，三千多年前的字，現代人還看得懂。

相對於這樣的優點，在通訊與記錄功能上，漢字就稱不上是好的文字，有關這部分的詳細論述，請參見拙著《中華思想隱藏在漢字文明裡的咒縛》（集英社）、《日本語與漢字文明》（WAC）。在此，只討論漢字應如何閱讀、解讀。

①漢字常有一字多音（多讀），也就是同一個漢字，不僅讀法很多，也有各種解釋。比如，日本「漢字大師」諸橋轍次編寫的《大漢和辭典》（大修館書店），單單「一」就有二十三種意思（解釋）。當然，「一」這個字並不是意義與用法

最多的漢字，不少漢字擁有超過三十個意義。我高中時期在台灣就學，其中國文課特別重視「朱子學」與「陽明學」，國文老師整天在探究「某某注釋對不對」，根本就是浪費時間。最明顯的例子就是「格物致知」的「格物」，至少就有八十種解釋。

② 關於「一字多音」，就是同一個漢字通常有多種讀法。因此，如果沒有老師帶著唸，很多人根本不知道某個漢字在什麼情況下該怎麼唸。雖然漢代文字學家許愼寫了一本最早的漢字字書《說文解字》，終究還是無法解決漢字發音雜沓紛亂的現象。中國到了二十世紀出現所謂的「國字國語運動」，有人從大約三千種發音的標音符號中，提綱挈領的制定出所謂的「注音符號」。這樣的做法有點像日本一千年前發明的「假名文字」。換言之，平假名所扮演的乃是「表音」功能，和韓國人於十五世紀發明的「韓文」（諺文）一樣，在中國人眼中，包括日文平假名與韓文字母都不是文字，而是「表音符號」。

③ 如何閱讀漢字書寫的中國古典作品，數千年來是中國人非常重要的課題。孔子時代，大部分文字寫在甲骨或金石、簡帛上。當時還沒有紙張，文字只能刻在獸骨或金石、木竹上，字數當然不能太多，文章越壓縮、文字越少越好。另

外，隨著時代前進，有些漢字的字義跟著變化，因此，針對如何閱讀漢字，包括《論語》在內，絕大多數中國古典作品，閱讀時得參照「注」才能掌握其意義。但即使經常參考「注」仍難以理解，於是又需要相當於「注之注」的「疏」。舉個例子，《孫子十家註》這本書收集十個學術大師的《孫子》注釋。《孫子》就有這麼多家注，超過一千年成爲科舉考試科目的《論語》，從孔孟時代到新儒學的朱子學與陽明學盛行時代，「注」與「疏」總計多達數十、數百甚至更多。

不只《論語》，中國古典文章如何精確注釋、解讀，言人人殊，每個人都可能有不同看法。在此情況下，絕大多數中國人閱讀古典作品都是「一知半解」，漢字認得，意思是什麼卻不了解。古代漢文沒有句點與逗點，不同版本的句讀點位置改變，意思也不同。

話說回來，現在許多先進國家民眾有一種普遍感受，那就是中國人「喜歡吹牛」、「愛說謊」，經常說話不算話，表裡不一。我認爲，中國人會養成這樣的民族性，和漢字乃至於漢文的文字體系關係密切。

《論語・泰伯第八》書「子曰：民可使由之，不可使知之」，這句話不只在中國，在日本也有非常多解釋，議論紛紛。主要問題是，不同版本的句讀位置改變，解釋也不同，爭論不休。

我幼年曾在台灣私塾背誦《論語》，上課方法是「漢文先生」帶頭唸，學生把讀過的地方用硃砂筆畫圈圈。後來讀《史記》等「二十四史」，沒有老師帶頭唸，沒有邊讀邊句讀，瞎子摸象的結果，總共花了六年才讀完。

「民可使由之，不可使知之」這句話應如何解釋，一般而言，有以下幾種讀法：

① 「民可使由之，不可使知之」——百姓應指揮他們，不必讓他們知道眞相。

② 「民可使，由之，不可使知之」——如果能運用百姓的人力，就要指揮、掌控他們。若判斷無法讓這些人力發揮作用，就不要讓他們知道太多眞相與道理。

③ 「民可使由之不可使知之」——民眾表現良好，就可指揮他們，讓他們做事。但他們終究是民眾，接受指揮即可，不必一一告訴他們事情的緣由。

④「民可使，由之，不可，使知之」——民眾的力量可加以運用，不可放任其發展，而應讓民眾建立知識，了解眞相。

漢字如何讀解、理解，確實相當困難，「四字成語」與「詩文」尤其難上加難。以「詩文」爲例，文字順序變化多端，稍微更動位置，文章意思就差很大。從語言學與文字學角度看，漢字與漢文體系非常不完整。倒是，日本使用漢字搭配假名，非常有效率，是公認方便、無懈可擊的文字媒材。

《論語》出現超過二千年，孔子年老之後開補習班，宣稱擁有三千名弟子，但他如何和這麼多弟子特別是「七十二賢人」的弟子們對話，令人好奇。當然，如前所述，許多「子曰」內容曖昧，有各種解釋，甚至被懷疑，孔子根本沒說過某句話。

許多《論語》內容是後人添加，或把別人的話當作孔子所說。正因爲《論語》有很多穿鑿附會，如何才能正確閱讀，二千年來注釋非常多。這顯示，漢文這種文字工具，功能有很大的侷限性。

號稱孔子子孫的中國人多達數百萬人，想深入理解儒教，除了掌握孔子的時代背景，觀察孔氏子孫的言行舉止，也不失是不錯的研究方法。

結果發現，儒教滿口仁義道德，孔門子弟卻未必誠實、正直。比如，孔子嫡系子孫孔安國，是赫赫有名的僞書作者；與蔣介石有姻親關係、國家財產拼命塞入自己口袋的孔祥熙，也是孔子子孫。孔氏一族堪稱「詐欺師家族」。

二、中國古典的閱讀方法

日本文人閱讀古代經典方法和中國人不同。比如，江戶時代儒學者學習中國《四書五經》，很多單純地以為隔海相對的中國是「聖人之國」、「道德之國」、「仁義之國」，認為中國差不多等於烏托邦。

類似狀況，戰後日本很多「進步派文化界人士」未必了解中國，卻輕率地宣稱社會主義中國為「新中國」，是「甚至沒有小偷的人間樂土」。

中國古代史專家貝塚茂樹教授也對戰後中國懷抱誇大妄想，他認為五〇年代的中國農村簡直是桃花源、寧靜和諧的「莊園」，一九五四年貝塚博士應中國政府邀請，前往北京參加國慶大典，前一晚還被毛澤東召見。

文革初期，日本研究中國的學者更是興奮地宣稱「中國已經往人間樂土更靠近一步」、「日本年輕學生就不行了，應該好好向中國紅衛兵學習！」拼命發表支持、崇拜中國政治的言論。然而，這些學者完全狀況外，不了解中國實況。

後來毛澤東過世、四人幫被捕，鄧小平等人推動「改革開放」過程中，「文革」以及紅衛兵蹂躪、摧毀中國社會的悲慘狀況才逐漸暴露在世人眼前。崇拜「中國改革」的日本「先進文化界人士」這才夢醒，但也只能感嘆「中國畢竟很難理解」。類似這樣判斷錯誤、知道眞相後羞愧地「想找洞鑽進去」的文化界人士與學者，西方也不少。比如，英國哲學家兼數學家，同時是一九五〇年諾貝爾文學獎得主羅素（Russell, Bertrand，一八七二～一九七〇），以及法國存在主義哲學大師沙特（一九〇五～一九八〇）、英國歷史家湯恩比（一八八九～一九七五）等人，原本持續宣揚中國的美好，眞相大白後同樣被重重打了耳光。如果這些聖賢都能活到二十一世紀，看到改革開放後的中國人，想必無臉見人。

貝塚茂樹等日本的中國通學者，要是能早點了解中國眞相，特別是嚴重的三農（農業、農民、農村）和「九重苦」的問題等，就不至於弄到聲譽掃地、無地自容。

話說回來，日本人從神話時代以來，一直重視純潔與誠實，這種道德倫理早已成爲民族共同的氣質（ethos）。中國則相反，中國人社會早就變成「不說謊、不吹牛、不背叛別人就難以生存」。

正因爲言行不一，「經典」寫的都是「理當如此」，卻不是實況。這是眾所皆知的常識，唯一搞不清楚狀況的是日本「中國通」學者與文化界人士。

台灣歷史家、暢銷書《醜陋的中國人》作者柏楊先生一針見血地指出，「中國人很重視仁義道德，但那只寫在書本上」。中國人舉止缺乏仁義道德，根本不相信別人，別人承諾也未必安心，一定要「白紙黑字」寫下來。但即使「白紙黑字」，中國人仍常反悔、毀約。

當然，日本學者也有人能冷靜找到眞相。比如，江戶時代賀茂眞淵、本居宣長等國學者就清楚看出「漢意唐心」與「和魂和心」的差異，指出日本人的根本心性與哲學其實更有價值。而且，中國人與日本人的思維與個性差異，本質上就不同。

因此，日本人閱讀中國古代典籍，應先掌握日中兩國風土與民眾心性的本質差異。前述，中國先秦時代成立的經典，因爲書寫工具不便、文字壓縮，遣詞用字精練，後人除非藉由各種「注」與「疏」的協助，否則很難正確掌握古典眞意。而且，相同經典各家注釋未必一致，各有不同的理解與主張，更何況，很多中國古籍是後人假托古代聖人的名義所「創作」。

大部分中國經書都不是在一代人手上寫成，而是經過數代傳播，許多人潤飾創作完成。換言之，作者通常都不是一個人，《論語》也不例外。

表面上，《論語》是孔子語錄，但其實是數百年孔門徒眾加油添醋的「集體創作」，孔子當初是否眞的講過哪句話，沒人知道。《論語》之中，其實也出現不少孔子以外人物的主張與想法，所以，究竟如何才能眞正理解《論語》、重探眞相，是研究儒學一大課題。

因此，中國到了清代盛行「考據學」，帶頭的是黃宗羲與顧炎武等大師級學者。在他們努力之下，大家才發現，中國竟有那麼多僞經與僞史。公認爲中國最早經書的《尙書》（書經），早在漢代就出現「經文眞僞論爭」，清代學者閻若璩（一六三六～一七〇四）深入研究後發現，《古文尙書》其實是孔子第十一代直系孫孔安國所僞作。

不只儒學者，中國文人創作僞經與僞史、竄改風氣很盛。中國是如假包換捏造歷史、僞作經典的「大國」。可以這麼說，中國文人喜歡把「僞作」當作自己的「使命」。在這種風氣下養成壞習慣，現在全球市場的「假貨」，幾乎都產自中國。

因爲習慣造假、大量造假，中國人其實不是那麼在乎眞僞，僞造的東西因此大量流傳，代代相承。倒是，清朝政府支持學者發展考據學，成爲有清一代最重要的學術傳統，其主要特色是指出經典的錯誤與僞造，堪稱「辨僞學」。其中，針對中國僞史考證最有名的學者，大概就是撰寫《二十二史考異》的錢大昕。

在中國學習歷史，得從認識僞經、僞史與僞書入門，否則到最後只會吸收一堆錯誤的虛假知識。中國僞經與僞史有多氾濫，清末封疆大吏、開明派實力人士張之洞撰寫《輶軒語》，感嘆讀中國書得先問眞僞，恐怕一半古書都應該直接丟掉。姚際恒在《古今僞書考》的序也提到，現在仍有人不斷發現僞書，或者整體而言並非僞書，內容卻摻入許多僞史與僞說的狀況。

中國製作僞書與僞史的風氣在春秋戰國時代就已形成，司馬遷撰寫《史記》花了非常多時間與精力進行眞相考證，民初思想家梁啓超推許司馬遷是中國「辨僞學始祖」。但會不會連司馬遷撰寫的《史記》也是僞書？梁啓超認爲這種可能性不是沒有，所以他只推薦司馬遷之父所寫的「楚漢之爭」以及司馬遷本人所撰的漢武帝時代歷史。

近代以來，中國辯僞學重要著作，包括崔述選著．顧頡剛編的《崔東壁遺書序》、《古史辨》、姚際恒的《古今僞書考》、《古今學考》，以及康有爲的《新學僞經考》和梁啓超的《古書眞僞及其年代》、《中國近三百年學術史》等著作。

另外，張心澂撰寫、堪稱僞書考證之集大成的《僞書通考》（一九三九年），總計考證約一一〇四部古代經典。張心澂這本書問世後大約六〇年，中國學者鄧瑞全與王冠英等人編撰多達一〇二四頁的《中國僞本綜考》（一九九八年），大規模地收錄一二〇〇部古代經典的僞書。

中國文化可說是一種「騙的文化」。比如，林其泉（廈門大學歷史學教授）撰寫《騙文化》（台灣商務印書館），針對中國傳統詐術範圍、歷史、內容、技術、價值等，進行社會學分析。想了解中國文化，這是不錯的切入點。中國人喜歡把「虛虛實實」掛在嘴邊，這確實也是中國文化特色，古代經典自不例外。換言之，想深入了解《論語》等中國經典，得先具備僞書、僞史的「知識」才行。

三、儒教思想的自我矛盾

漢代以來，儒教思想持續成爲中國的「主流思想」，主因是漢武帝獨尊儒術。到了十九世紀中葉，中國南方出現信仰基督教的「拜上帝會」太平天國，以及北方新宗教集團捻軍。這兩者都是反儒教集團，因此成爲儒教官僚鎮壓的對象。

儒教在漢武帝時代風光一時，漢末爆發黃巾之亂，長期社會動盪之後，剛從印度經由西域傳進中國的佛教大受歡迎，從六朝經隋唐到宋朝的新儒教復興爲止，儒教勢力衰退長達七百年，取而代之成爲思想與宗教主流的便是佛教。另外，土俗色彩濃厚的道教，乃是偷取佛教理論形成，具有較強的宗教色彩，但不受政府與學術文化圈重視。

隋唐之後，中國官僚支持儒教超過一千年，平民則信仰道教。但各朝皇帝與官僚支持儒教，其實只是政治宣示，很多事情光說不練或者「說一套、做一套」。至於道教，則成爲中國人的精神支柱。

秦始皇統一中國之前五百年間，是所謂的春秋戰國時代。當時思想主張蓬勃發展，戰國時代更是「百家爭鳴、百花齊放」。戰國時代，正如孔子孫弟子孟子說的，諸子百家之中最有人氣的「非楊即墨」。楊朱（楊子）主張自利主義，墨翟（墨子）宣揚「兼愛」（博愛）與「非攻」（和平）主張，皆風靡一世。

但孟子的話不完全正確，在那個重視實力競爭的時代，事實上包括管仲以及韓非子、李斯等法家，乃至於孫子與吳子等兵法家，甚至鼓三寸不爛之舌遊說政治主張的蘇秦與張儀等縱橫家，都曾各領風騷，吸引一大票支持者。令人意外的是，言論蓬勃發展的戰國時代，孔孟思想主張不受青睞。主要原因是儒教思想太空泛、唱高調，在當時中國人眼中並不「實在」。

春秋戰國時代，中原地區民眾使用漢字。早期的夏人、殷人乃至於周人，並非相同語系，他們彼此之間如何溝通？研究指出，一開始是原始單音語，然後發展出「市場語言」（語言學所謂的「雜言」）。當然，當時中國南方的楚國、吳越等國家，和中原地區語言明顯不同。

黃河中下游與長江中下游，生態學有相當大差異。中原地區中國人原本主要務農，後來城市出現，產生許多商人。北方的匈奴與東胡等民族則多半從事游牧與狩獵。

《四書五經》是儒教代表經典，教祖孔子被尊爲「至聖先師」。所謂「五經」也就是書、詩、禮、易、春秋，是原始儒教代表經典，據說是孔子編纂完成。

雖然孔子宣稱「三十而立，四十而不惑」，但終究沒有國君認同他的政治思想主張而授予官職，孔子仍只能回故鄉擔任教師。《論語》則是孔子與弟子們的對話集，反映孔子的思想與觀念。其中，孔子強調「仁」，孟子則大力宣揚「仁義」，但在孔孟時代，不管「仁」還是「仁義」的主張，不僅沒有受到中國人歡迎，還遭遇嚴重批判。

孔子特別重視「仁」，因此有人統稱孔子的學問與學術為「仁學」，江戶儒學者甚至稱孔子為「仁人」，中國為「仁國」。但「仁」究竟是什麼？有什麼內涵？儘管《論語》出現多達一百次的「仁」，孔門弟子也搞不清楚「仁」是什麼？不斷詢問這個問題，孔子也不曾講清楚，一會兒說東，一會兒說西。講了半天，「仁」變成一個模糊的概念，完全沒有清楚定義，無法進行概念規定。

不只孔子在世時「仁」是什麼講不清楚，二千多年來，中國儒教學者們不斷針對「仁是什麼」相互論爭，有關「仁」的研究著作多不勝數，結果依舊沒有任何人能提出眾所認同的結論。

正因如此，中國出現「見仁見智」這個成語，意思是人們有不同的見解與判斷，很難統一，就像「仁」與「智」有各種解釋。正如英國思想家穆爾（Moore, George Edward，一八七三～一九五八，哲學家）說的「善惡無法定義，若要勉強定義，就會犯最大的錯誤。」

和孔子大約同時代的墨子，精確掌握儒教思想的本質，並且激烈批判儒教一方面主張「敬鬼神而遠之」，另方面卻宣揚「服喪」與「葬禮」的重要性，根本是自相矛盾。墨子抨擊「仁」不過是私領域的家族愛，層次遠低於「兼愛」（博愛）。墨子「兼愛」與「非攻」的卓越主張也備受俄國大文豪托爾斯泰讚揚。

和孔子、墨子大約同時代的老子，同樣批判仁義道德的社會背景。老子名言「大道廢有仁義」，一舉喝破儒教虛矯。老子甚至高喊應「絕仁棄義」。同樣的，莊子在《莊子・盜跖篇》中抨擊孔子，借道跖的話「教訓」孔子，諷刺照孔子的邏輯，盜賊也有「仁義道德」。若然，強盜小偷技術高超的人，豈不變成「盜聖」？

在言論自由競爭的戰國時代，孔孟如此不著邊際、模糊曖昧的空泛理論不受民眾青睞。到了漢代，即使皇帝訂儒教爲「國教」、強制民眾接受儒教洗腦，儒教仍不獲人心。這種現象很像人民共和國成立後的馬克斯社會主義，雖然馬克斯社會主義成爲共產中國的「國教」，但事實上，若非中共政權強迫推銷，馬克斯社會主義早就被掃進垃圾桶。

戰國末期思想家韓非子認爲，「士以筆、俠用劍，亂天下。文與武不能以法規範，則天下不可能安定」，眞是慧眼之見。儒教被中國歷代政權奉爲圭臬，但二千年來儒教主張的「德治＝人治」其實都只是表面工夫、嘴巴說說而已，歷代政權眞正重視的是「法」，如果沒有「法」，國家難以成立、運作。換言之，二千多年來中國一直都是「陽儒陰法」或「外儒內法」，也就是「掛儒家羊頭，賣法家狗肉」。

到了現代，異文化各領域都對儒教提出激烈批判，「國學大師」清末考據學大師章炳麟，公開指稱孔子是中國的「禍本」。

維新派主角梁啓超也澈底批判儒教。戊戌變法失敗後，梁逃進日本駐北京大使館，日本外交官不知所措，剛好當時已離開首相職位的伊藤博文人在中國，知道此事後告訴日本當局「梁乃中國不世出的人才，應加以保護」，才順利讓梁啓超亡命日本。梁啓超感嘆，中國根本沒有所謂的「社會道德」，儒教道德頂多是「家族道德」而已。

十九世紀中葉，中國南方信奉基督教的太平天國崛起，禁止儒教、焚燒儒教經書，並且主張男女平等。大約同時，北方農民叛亂集團「捻軍」，發展到擁數萬兵力，其中一支攻入山東，全面焚燒孔子一族的宗廟，搗毀陵墓，殺死許多孔子後代。另一方面，近代以來中國知識份子，特別是推動新文化運動的文化人一致批判「儒毒」。五四運動與文革期間的「破四舊」與「批林批孔」運動，都是近現代以來著名的反孔運動。

四、近現代儒教的發展與挫折

就像古代日本有「繩文文明」與「彌生文明」二大發展脈絡，中國大陸自古以來也有長江文明與黃河文明兩大系統。其中，位處南方的長江文明後來產生「自然回歸」的老莊思想。相對的，北方黃河文明形成主張「人爲」的儒教思想。

中國歷史不太喜歡說「南人」與「北人」對立。但事實上，春秋戰國時代，中國南北地區就已相互仇視，甚至可以說持續到二十世紀仍水火不容。中國成語「南船北馬」，形容南北物產與風物差異。但南北差異不僅於此，包括地緣政治學、生態學乃至於DNA，南方人與北方人都具備不同性格。

從長期文明與文化發展史來看，中國南北思想與精神史也有很大的不同。佛教大約在二千年前也就是漢代進入中國，南方老莊思想吸收佛教思想後創造出「道教」。相對的，北方人信奉的儒教受佛教影響，到了宋朝出現「理氣之學」的「新儒學」。

北方原始儒教經過春秋時代一直到漢武帝時代，終於獲得「國教」地位，受到政權的支持與保護，這種態勢一直到清朝末年都未改變。

二千年來，儒教在中國形塑的社會，和古代羅馬帝國推廣《萬民法》的做法剛好相反，完全是「德治」也就是「人治」社會。但現實生活不可能出現德治社會，所以，不論新儒學的朱子學還是陽明學，都有強烈而且澈底排佛釋、斥百家的「獨尊」性格。

儒教最大的思想競爭對手除了佛教，還有近代以來以基督教爲核心的西洋思想，其中最具代表性的是一九一九年五四運動的口號，也就是「德先生（民主）」與「賽先生（科學）」。

儒教思想其實就是近代知識人的「公敵」。當然，中國人也不是到了二十世紀才覺醒，並且激烈反對儒教思想。前述鴉片戰爭之後，十九世紀中葉的太平天國之亂已形成這種趨勢。基督教信徒「拜上帝會」成立的太平天國，除了是政治叛亂，更重要的內涵是思想文化的革命。亦即，太平天國之亂是基督教信徒與儒教民兵之戰。

太平天國在南京（天京）建立政權，實施澈底消滅儒教、禁止儒經的反儒政策。大約同一時間，北方白蓮教（佛教系）信徒和太平天國也反對孔教，攻入山東曲阜孔教根據地，搗毀孔子宗廟與孔氏家族陵墓。當然，儒教在中國遭遇的挑戰不僅如此，當初滿州人攻進中原、征服中國，儒教內部也出現動搖，其中包括考據學就拆穿許多儒教的虛僞。

進入二十世紀之後，儒教與西洋思想形成了非常大的對立，儒教根本就是「自由」與「平等」的對立面。二十世紀東西對立，儒教持續遭受資本主義與社會主義嚴厲批判。其中民初代表性知識份子陳獨秀指出，儒教的「三綱五常倫理」是一種反自由、反平等、反獨立的思想主張，背後反映儒教「統治主義」與「階級主義」色彩，完全呈現出反時代的落伍樣貌。

另一方面，日本近代以來許多學者批判儒教，認爲儒教缺乏進取精神，過度男尊女卑，抱持不當的尚古主義，否定現代價値。特別是明治思想家福澤諭吉認爲，儒教最大錯誤在於僵化的身分制主張，以及不平等、不自由的觀念。他撰寫《文明論之概略》，澈底揭發獨尊儒教社會的荒謬與問題。

儒教協助中國歷代王朝維持長達二千年的體制與秩序，確實曾經發揮某種正面功能，但到了近現代，其存在基礎已不存在，不論從社會面、文化面還是文明角度看，包括祭孔等儒教信仰，都已失去存在價値與條件。道理很簡單，中國人道德教化的結果卻打造出「道德最低」的國家，不只中國人漸漸了解這項事實，甚至可說是世界共識。

中國改革開放後經濟快速成長，貧富懸殊擴大，共產黨卻實施更嚴厲的獨裁，結果

「無官不貪」，整個社會朝劣化、野蠻化發展。儘管清朝已經滅亡許久，但共產中國領導人的角色和「皇帝」其實沒兩樣。雖然這些共黨頭子回收儒教主張，假惺惺地在世界各地成立「孔子學院」，但畢竟時代與社會條件已經不同，這樣企圖重建儒教權威的舉動，絕不可能成功。

倒是，現代產業社會是否有儒教存在餘地，値得討論。《論語》等儒教思想對於現代人的生活與思考、觀念是否有幫助和價値？這是二十一世紀關於儒教的重要議題。

回顧二千五百年的中國歷史可以發現，儒教思想、儒學者及其門徒，有時受到熱烈支持，有時卻淪爲喪家之犬。不可否認，到了近現代，儒教已成爲所謂「傳統思想」與「傳統意識形態」，雖有人肯定，但否定、批判的人更多。近代以來，尊孔與批孔勢力持續對抗、鬥爭；不只中國，就連日本也有應該「保守復古」或者「維新改革」的論爭。

中國方面，清末戊戌變法的兩大領導人康有爲與梁啓超，前者主張「獨尊孔教」，後者激烈批孔，主張共和體制。梁啓超認爲，中國人應揚棄孔教設定的舊道德規範，建立新倫理觀，也就是放棄私德而追求公德。梁啓超公開反對其師康有爲的尊孔主張，強調「我愛孔子，但我更愛眞理」。

五、儒教是「宗教」嗎？

儒家思想常被稱爲「儒教」與「孔教」。確實，從漢武帝獨尊儒術二千多年來，儒教經典《四書五經》及其大量的「注」與「疏」，已成爲中國重要的學術內涵，特別是科舉考試出現後，這些經典與注疏成爲考題來源，也讓儒教實質扮演「國教」角色，持續超過一三〇〇年。

不過，一九〇五年廢除科舉考試之後，應否繼續以「孔教」爲「國教」，中國知識份子支持、反對聲音都很大。結果，一九一九年爆發五四運動，出現「打倒孔家店」口號，後來文革更有激烈的「批林批孔運動」。

倒是，我中小學時代在台灣度過，當時中華民國熱烈推展「文化復興運動」，標榜中國國民黨是維護傳統文化的正統政權，整天把「道統」與「法統」掛在嘴邊。結果，高中老師拼命要求學生背誦以朱子學與陽明學爲核心的宋代理氣之學，並根據「格物致知」觀點，要求學生背誦《論語》、《孟子》，就連孫文的《三民主義》也成爲大學入學的考試科目。

另一方面，中華人民共和國成立後，延續早期太平天國「反儒禁經」傳統，推動一波又一波的「批孔禁儒」運動。卻不料，文革之後，馬克斯列寧主義與毛澤東思想退潮，共產中國居然重新擁抱儒教思想。

於是有人宣稱，目前是「儒教第三繁榮期」，「新新儒教」人士搖旗吶喊，大舉在世界各地成立超過四百間孔子學院，拼命宣揚「儒教主義」，儒教儼然就要取代馬克斯主義成爲「中國國教」。但問題是，像這樣成爲中國「國教」的儒教，眞的是「宗教」嗎？

事實上，道教在中國具有更純的宗教色彩，儒教則不具備一神教的各種要素。所以在我看來，與其說儒教是「宗教」，不如視之爲層次不高的「倫理道德」學說或世俗的倫理學思想。

當然，有人認爲佛教的宗教色彩也不強，佛教是多神教主張，可以說佛教基本上是追求「開悟」的哲學思想，但後來在西藏等地發展，反而比神道、道教形成更明顯的宗教色彩。所以，關鍵是「宗教」該如何定義？

英國歷史學家湯恩比的「文明論」主張備受各國重視。他認爲文明核心乃是文化，文化的核心則是具有普世價值的世界宗教與高等宗教。文明則需有政治與經濟作基礎才能持續發展。另一方面，馬克斯主義認爲，所有社會都有上下結構，上層結構是文化、政治面，下層結構是經濟面，這種看法和湯恩比相當接近。

湯恩比指出，具有普世價值、高等的世界宗教是文明與文化核心，儒教符合這項定義，只是和一神教的基督教與伊斯蘭教相比，宗教色彩較淡。

在湯恩比之外，許多西方學者認爲，儒教是一種「宗教」，但儒教宗教色彩提高，其實是受佛教思想影響的結果，並和朱子學「唯我獨尊」、激烈排他觀有關。

進入現代之後，中國宗教發展令人矚目的是各種屠殺、虐殺異教徒的事件。這些屠殺行動常出現「天誅」、「天殺異教徒」口號，企圖正當化自己的反宗教色彩。這方面最明顯的例子是西藏佛教與新疆維吾爾人信仰的回教，遭受共產政權殘酷鎮壓。鎮壓行動背後其實是一種對抗，可說是《論語》與《佛經》、《可蘭經》的對立，特別是前者對後二者發動血腥屠殺行動，不只是十四世達賴喇嘛所謂的「文化虐殺」而已。

中國人一直到宋朝爲止，都習慣稱佛教爲「釋家」、「釋氏」、「浮屠」。一般人提到「宗教」，多半指佛教。但後來道家也自稱是「宗教」，大力弘揚「道教」。

所以到了清代，中國人所謂「宗教」主要就是佛教與道教。基督教首先在明朝傳播到民間，但信徒有限，所以，十九世紀末戊戌變法時期，中國所謂的「宗教」，基本上是指「佛教」、「道教」與「孔教」。至於基督教，頂多是「泰西之教」。相對的，孔教號稱「聖教」，具有強烈的漢字信仰，被稱爲「名教」。

熱烈支持訂孔教爲「國教」的康有爲認爲，就像基督教成爲西洋列強的「國教」，儒教也應成爲中國的「國魂」。康有爲宣稱，基督教與儒教的差異在於，前者偏「神道」，後者重「人道」。但康有爲又認定，走「人道」路線的孔教就是一種「宗教」，所以他主張皇帝不只應祭天，也必須「祭孔」，大力推展儒教國教化運動。

前述，清末思想家梁啓超年輕時師事康有爲，熱烈支持儒教「國教化」運動，但後來改變想法，認爲孔子在《論語》說「未能事人，焉能事鬼？」、「未知生、焉知死？」，「子不語怪力亂神」等，認定孔子並非宗教人士，並提出「儒教非宗教」的理論。

二十世紀初，中國「反孔」最激烈、主張「儒教非宗教」的文化界思想界人士，乃是陳獨秀（一八七九～一九四二）與吳虞（一八七二～一九四九），其中陳獨秀認爲，孔教是專制雙胞胎，批判儒教是「食人之禮教」。當時中國學術界重要人士多認爲，宗教是宗教，孔子是孔子，國家是國家，各具有不同內涵。

前述清末維新派領導人康有爲認同漢代學者讖緯說描繪的聖人孔子，稱之爲「儒教教祖」；革命派理論大師章炳麟則抨擊孔子的儒教是中國「禍本」。

中國的儒、道、佛三教的宗教濃度，確實比伊斯蘭教與基督教淡薄許多。其中，儒教特別偏重文化與生活道德，適合當作一般人的行爲準則與信念，或者是一種意識形態。

二千多年來的發展，儒教、道教與佛教成爲中國人的傳統，反映中國人的思想、信仰與風俗習慣。當然，這三種思想主張有時也會相互抗爭乃至於鼎立，明朝陽明學則主張「三教合一」。

儒教宗教性可以說最淡薄，馬克斯．韋伯斷言「儒教幾乎沒有宗教性」，這事實上也是西洋學者的共識。中國方面，胡適博士認爲，儒教代表敬天主義與命運主義的宗教觀，可見中國人與西洋人的宗教觀根本不同。中國之外的西方世界，不論基督教、回教與佛教等「三大宗教」，還是十大宗教，都有各自的民族、文化與文明。

現代學者普遍認爲宗教是文明核心，主要是因爲宗教在人類的發展歷程中扮演關鍵角色。以西洋基督教爲例，確實是西方社會與文明快速發展的重要原因，國際上「宗教」的定義與概念，也受到基督教模式影響，一神教基督教被當作「宗教」基準。

根據這樣的基準，「儒教」是否為「宗教」，值得討論。清朝末年以來，中國社會在這方面有非常多論爭，背後和十九世紀太平天國之亂爆發，整個社會劇烈改變有關。

二千多年來，儒教及其門徒屢屢受挫，不單秦始皇焚書坑儒，漢末黃巾之亂時，儒學者幾乎都逃離中原，中原地區民眾紛紛改信佛教。另外，蒙古人建立的元朝廢除科舉考試，儒學者淪為娼妓、流浪漢之間的「第九階級」。

十九世紀中葉之後，儒學者的社會地位不斷降低，文革期間更被批為「臭老九」，受到嚴重迫害。倒是，從民國初年袁世凱企圖恢復帝制到張勳復辟，以及文革後採行改革開放的「儒教第三繁榮期」等等，中國追求「帝政復活」的過程中，總有人大力宏揚儒教。我們不禁好奇，問題究竟是儒教擁有政權不可或缺的「經營軟體」，還是儒教不過是掌權者的宣傳工具？

六、《論語與算盤》這本書簡直是胡扯！

秦朝之前的「原中國人」普遍抱持「王土王民」觀，認爲住在中原地區的人才是「華夏之民」，他們多半是農民，號稱「生民」或「天民」。

春秋戰國時代末期，周王朝失去控制天下的能力，出現大量「下剋上」的政治混亂。當時孔子率領弟子周遊列國，表面上推銷政治主張，宣稱可解決政治亂象，但事實上無非是「謀官職、討飯吃」罷了。

《論語》提到，孔子和一大群徒眾到處奔走，常被農民看不起。中國到近現代爲止，一直都是以農民爲主的社會，二十世紀文化大革命時，還是馬克斯・韋伯口中的「家產制國家」。換言之，中國數千年來社會主流意識毫無改變，都是「重農輕商」。

「農爲本、商爲末」的想法，不但在農民叛變、社會混亂時受重視，國家治理平順的年代，同樣是政治的基本概念。所以，秦始皇「焚書坑儒」，卻指定留下農業與醫學書籍。當時中國尚無紙張，竹簡或木簡、布帛寫成的書籍，數量其實有限。

漢武帝獨尊儒術，事實上是表面功夫，繼武帝、昭帝即位的漢朝第九代宣帝，發現儒教政治道德缺陷嚴重，警告太子不可迷信儒教。

中國自古常有一種現象，那就是儒者死背書本，失去區分現實與理想的能力，腦袋空空。漢宣帝看出這種問題的嚴重性，警告太子沉迷於儒教「可能導致漢家滅亡」。宣帝的「儒教亡國論」不幸而言中，太子繼位成為元帝後醉心儒教，結果到了平帝，漢朝就被外戚王莽給篡奪了。

文質彬彬的王莽受到民眾熱烈擁戴，號稱「聖人」。取得天下後，企圖打造「儒教千年帝國」。剛開始確實萬象一新，這個儒教帝國乃是以儒教作為治國方針。

王莽企圖恢復周朝制度，認為周代是值得學習、模仿的「烏托邦」，於是推出「井田制度」，不料引起綠林、赤眉等農民革命，天下大亂，風光一時的儒教帝國不到十五年就消滅，取而代之的是後漢（東漢）。

儒教書籍喜歡描述「理想社會」，但那終究只是「幻想」，天眞地想要加以實現的王莽造成反效果，自取其辱。毛澤東企圖把中國打造成社會主義國家，也造成數千萬人餓死，重蹈王莽儒教帝國的覆轍。

儒教信徒喜歡吹噓「半部論語治天下」，但這只是空想、妄想。《論語》不僅無法協助治理天下，反而像王莽的「新朝」那樣，只會招來禍患，導致天下大亂。王莽帝國供奉錯誤、不合時代需求的意識形態，實施「重農抑商」政策。話說回來，中國到了武帝時代商人勢力大大抬頭，在「農爲本，商爲末」的觀念作祟下，民眾與學者於是群起批判商人出身的財政政策推動者桑弘羊。

儒教基本觀念是「商人只會與民爭利」，他們甚至主張廢止貨幣經濟，全面打壓商業活動。該經濟發展路線之爭，後來由儒教反商派大獲全勝，桑弘羊下台、被關，死在獄中。

儒學者多半認爲，貨幣經濟是諸惡根源，最棒的是物物交換的原始社會。儒教思想本質可說就是「反商」，這很像社會主義，視商人爲諸惡之本。浸淫儒學的中國文人，長期以來鄙視商人，即便二十世紀後半改革開放，儒與商還是經常對立。

倒是，日本明治維新後有位成功商人澀澤榮一，開創無數企業，並寫了一本《論語與算盤》，認爲他事業獲得巨大成功，應歸功於《論語》與算盤。但在我看來，澀澤的論點邏輯很奇怪，完全是牽強附會。

按照這樣的邏輯，目前日本最成功企業家之一的孫正義（軟體銀行創辦人），難不成也要寫一本《金日成語錄與ＩＣ產業》，將他的成就歸功於《金日成語錄》？同理，早期毛澤東大肆宣揚，說他的《矛盾論》與《實踐論》乃至於《毛澤東語錄》，都具有治理國家的「神通力」，特別是《毛語錄》號稱可治百病，中國人因此把毛澤東神格化。但文革終究只是一場把中國摧殘得「不成人樣」的災難，毛的自我吹噓都是虛假謊言。

「改革開放」後中國人開始賺大錢，但那些富豪多半靠「權錢辯證法」致富。亦即賺錢的暴發戶，幾乎都是掌握政治權力的共產黨要員。

話說回來，西方思想家馬克斯・韋伯撰寫《基督新教倫理與資本主義精神》，近代以來，西方國家之所以能成功發展資本主義，根本原因是新教信仰。在韋伯看來，儒教精神完全不含資本主義要素，他在所寫的《儒教與道教》書中斷言，根據儒教不可能成功發展資本主義，孔語錄（論語）彷彿只是印地安酋長對子弟闡述「言行規矩」罷了。

韋伯給儒教道德的評價和黑格爾相當類似，許多人讀了韋伯《基督新教倫理與資本主義精神》這本書，從而探討東方社會的資本主義精神。日本學者山本七平認爲，「石門心學」符合韋伯提出的標準，足以發展出資本主義精神。倒是，台灣旅美學者余英時的《中國近代宗教倫理與商人精神》，討論中國人的商業精神背後的思想基礎，值得參考。

至於前述澀澤榮一寫的《論語與算盤》，照韋伯的看法，澀澤這本書的論述完全不通，但中國與韓國儒學者、經濟學者執拗地認定，二十世紀後半葉東亞國家經濟成長主要原因就是「儒教精神發揮了作用」。

當然，這同樣是過度牽強附會的主張，畢竟儒教數千年本質「反商」，硬說儒教也有優異的「經濟學說」與「經營學」，簡直是睜眼說瞎話、天方夜譚。這些支持儒教的學者不願面對眞相，反而創造「儒商」這個用語，極力吹捧儒教精神對商業發展的貢獻。但事實上，中國改革開放後率先致富的「萬元戶」乃至於「億元戶」，幾乎都是靠特權、旁門左道大賺其錢。

七、超越善惡的日本傳統文化

根據日本最早歷史「記紀」（《古事記》與《日本書紀》）記載，《三字經》與《論語》在西元三世紀傳到日本，到了八、九世紀的「遣隋使」與「遣唐使」時代，日本人已學會漢字數百年。然而七世紀時代，日本人熱烈風行的是佛教而不是儒教，堪稱日本早期「文化領航員」的聖德太子自稱「三寶之奴」，卻不是儒教信徒。

當然，儒教經典持續和佛教經典一起進入日本，日本人也知道「五倫」、「五常」等概念，但「仁義禮智」之中最重要的「仁」，日本人並沒有特別的喜好並受其影響，更未建立「仁」的觀念與思想。

有人認爲，或許是因爲五倫特別是「仁」不適合日本風土。相反的，中國人已形成非常澈底的「五常信仰」。大概是因爲漢武帝獨尊儒術，墨子與老莊等思想流派被嚴重壓抑，儒教成爲唯一官學。日本則不同，在日本人眼中，「五倫」與「五常」只是來自唐朝的舶來品，沒有人把它視爲不可或缺。

所以，戰國名將伊達政宗的「家訓」強調，「超仁則懦，超義則頑，超勇則暴，過禮則諂，過智則噓，過信則損（過度重視仁會使人懦弱，過度重視義不知變通，過度重視勇可能失控，過度重視禮變成諂媚，過度重視信導致自己遭受損害）」。

另外，明治維新初期政治家、後來成爲著名外交部長的陸奧宗光，獄中翻譯英國思想家邊沁所寫的《功利主義》，澈底了解義與利的關係。與此對比，二千年前孟子見梁惠王，一味地宣揚「義」的重要性，完全鄙視「利」，充分顯示儒教思想扭曲與不合時宜的特質。所以，台灣歷史家柏楊撰寫《醜陋的中國人》，批判信仰儒教的傳統中國社會喜歡講「仁義道德」，但光說不練，整個社會看不到眞正的仁義道德。

被台灣的國民黨政府列入「黑名單」二十九年之後，我在一九九二年再度回到祖國台灣，於是去拜訪柏楊，討論儒教的「仁義道德」。我告訴柏楊先生，日本伊達政宗與陸奧宗光澈底質疑儒教的「仁義道德」，並有全然不同的看法，柏楊先生當場感嘆：「中國人要是有這樣的思想觀念就好了，只可惜二千年來沒有人質疑仁義道德這類虛構的道德科目。」

日本人正式引進儒教，大概是宋朝之後，江戶時代儒學者林羅山受幕府重用，出任「大學頭」，一時之間，儒教（朱子學）獲得接近國教的地位。不過，江戶幕府推展儒學，卻不曾「獨尊儒術」。

日本長期最重視的還是佛教與神道。即便儒教，日本人沒有像中國人那樣一窩蜂地擁護朱子學，和朱子學敵對的陽明學，在日本也受到歡迎。江戶時代日本人思想開放，出現新興的「國學」，對於荷蘭人帶來的「蘭學」也保有高度興趣。儒學在日本發展和中國類似，基本上除非執政者特別支持、保護，否則在思想市場沒什麼競爭力。

而且，朱子學在日本的「影響」很多都是負面的。比如，許多日本朱子學者走火入魔地充滿幻想，宣稱中國是「聖人之國」、「道德之國」、「仁之國」，被洗腦而不自知。戰後日本所謂的「中國通」甚至到處宣揚，說中國是個「蚊蠅老鼠小偷都沒有的人間天堂」。

台灣幾十年前也有類似狀況，我中小學到高中在台灣受教育，執政的國民政府大肆宣揚「復興傳統文化」，鼓吹儒教仁義道德，高中生得背誦《論語》與《孟子》，熟悉朱子學、陽明學等「格物致知」的思想理論。後來離開台灣，我才發現，國民黨政府的洗腦教育都是「一片謊言」，表面上滿口仁義道德，實際上卻是獨裁、橫暴，摧毀人權。

中國文革後期到毛澤東過世期間，我擔任東京大學衛藤瀋吉教授的助理，主要工作是觀察、分析《人民日報》的背後眞相。衛藤教授累積非常多、非常透澈的研究成果，曾感慨萬千地對我說，「日本成千上萬中國通、研究中國的學者，卻沒有任何人能想到，中國竟會發生文化大革命，後來還出現林彪（毛澤東原定接班人）垮台事件」。

根本原因是，日本所謂「中國通」、研究中國的學者，長期自我催眠，一味地歌頌、讚美中國，就連著名學者嘔心瀝血的大作也常抓不到眞相，結果斯文掃地，學術破產。

我多年研究中國的心得是，中國的報紙乃至於中國政府所宣布、宣傳的事情，都應「倒著看、反著讀」。中國人所謂的「常識」都是歪理，違背正常邏輯。只可惜，許多親中派的韓國人與日本人認定，儒教帶給日韓兩國難以估計的正面影響，因此韓國人與日本人應大大地感謝儒教。

但這見識根本是井底之蛙。歷史發展證明，中國人信仰儒教二千年未曾成功「教育」夷狄，反而有些夷狄文化比中華世界更優秀，中國人因害怕而打造萬里長城，歷朝歷代實施陸禁海禁。歷代中國王朝禁止出口的「產品目錄」，竟也包括《孫吳兵法》等兵法書，乃至於《四書五經》、《史記》等。

事實上，就連公認最具備國際色彩的唐朝，也嚴格禁止貴金屬乃至於犛牛尾巴等出境。即使接受日本來的遣唐使與留學生，卻又限制他們外出。這些日本留學生外出逛市場，甚或只是在寺院附近散步，都會受到政府當局的監視。

日本受中國文化影響，其實主要是因爲宋朝之後走私貿易盛行。走私業者偷偷將中國古典著作賣給「熱衷儒學等中國學問的日本大名（諸侯）」，利潤驚人。客觀而言，與其說日本因爲接受中國文化影響而進步，不如說是錯誤崇拜中國的日本文士與大名被中國走私業者敲竹槓，所以日本人的精神文明與文化，實際上並未因爲引進儒學等中國文化而進步。

眾所周知，中國歷代王朝嚴厲實施陸禁與海禁，十九世紀清朝末期甚至禁止中國人教洋夷漢文。同樣的模式，到文革爲止的中華人民共和國也完全隔絕與外國文化思想的交流。

江戶時代的儒學者幾乎都是書呆子，一味地相信中國古典書籍，相信對岸中國大陸是個「烏托邦」。與此對比，當時爆發活力的「日本國學」學者群，顯然更能掌握重點，他們從自然、社會基礎各種角度澈底分析、了解日本與中國文化的差異。

當時一流的日本國學者努力找出「漢意唐心」、「和魂和心」之間的差異，發現中國古典書籍寫的都是「理想」，而非現實狀況。眾多國學者之中，本居宣長具有最卓越的洞察力與論述能力，他認爲日本自古擁有獨特的民族思想特質，那就是重視「純」與「誠」，不需學中國人「勸善懲惡」，這正是日中兩國根本差異所在。確實如此，滿口仁義道德的中國人如果不是嚴厲管教，都會想辦法欺騙詐取、爲非作歹，不像日本人單純、誠實。

但不可否認，戰後日本人道德逐漸荒廢，有人認爲，原因是日本社會不像戰前那樣實施大量的道德教育。

這是錯誤看法。江戶時代，儒學成爲幕府國學，許多儒學者宣揚道德教育的重要性，認爲日本應該向「仁之國」、「道德之國」的中國看齊，所幸日本人沒有照著做，否則日本豈不也淪爲「道德教化最優」但「道德實踐最低」的國度？

當然，自古許多中國文人自我陶醉，認爲「仁義道德是人類社會最有價值的文化與文明產物」，但正如柏楊指出的，事實剛好相反，中國人宣揚的仁義道德只是「書上寫的」，現實上完全沒有認眞實踐。

我的看法和本居宣長相同，日本完全沒有必要實施道德教育。原因是，大部分所謂「道德教育」都是嘴巴喊喊，並非發自內心，也無深厚的宗教心作基礎。

確實，不只日本，戰後全球普遍有道德頹廢現象，關鍵原因無疑是民眾放棄傳統文化，結果失去了美德。

日本傳統文化包括神道與佛教，都超越善惡、沒有善惡二元觀。只可惜一般人以爲「傳統」就是「保守」、「退步」，認定「大和精神」是「本土」殭屍文化，在現代社會毫無價值。

提到「本土」文化，佛教其實也是。早在鎌倉時代，佛教就在日本「土著化」，形成「日本佛教」。但同樣來自海外，儒教更早進入日本，卻如津田左右吉博士指出的，未曾在日本生根，因此沒有「日本儒教」。

多年來我從「第三隻眼」的角度發現，日本有非常多超越善惡的傳統文化，足以取代「道」與「德」。

比如，佛教有「非善亦非惡」的「無記思想」，也有肯定善惡一如的「業的善惡觀」，乃至於「空」的觀念。另外，日本古代高僧西行與空海和尚認爲，日本和歌是一種「眞言陀羅尼」。《葉隱》作者山本常朝認爲「武士道」是「思善即惡，思惡亦惡，善惡皆惡，不思則善」。亦即，超越善惡的行動才是最尊貴的。

戰前日本人很多像西田幾多郎那樣追求「眞、善、美」，戰後幾乎沒人講眞善美。我想日本人還是應該像柏拉圖那樣重視眞善美的同一性，或者像康德、黑格爾那樣強調

「美」的重要性。

我想，「眞善美」是日本人應該珍惜的最高價値。在古代日本人心目中，「污穢」比「惡德」更糟糕，只可惜，日本美術研究者多半不從這個角度討論眞善美。

我認爲，美的意識與美的判斷力可培養人們對自然與社會的感知與情愛，提高道德判斷力，深化道德理解力並養成道德心。相對於儒教的仁義道德無法戰勝物慾，日本人的美意識則能超越生死。

八、極端尚古主義

儒教烏托邦「大同社會」指的是古代原始社會，具體而言，並非孔子所在的春秋時代，也不是孟子、荀子所處的戰國時代，而是更早的夏、商、周三代，甚至堯舜時代。換言之，那是一種尚古主義思維，用白話講，就是「古代的最好」。

中國人持續受孔子主張影響，和孔子一樣認爲古代甚至超古代才是理想社會。然而，儒家常掛嘴邊的周朝之前制度，到底是怎麼回事？事實上那只是傳說。孔子的理想是井田制等周朝制度，並尊稱周公爲「聖人」。

儒教思維深深影響中國文人，報章媒體動不動就有人感嘆「人心不古，世風日下」。

歷史上，王莽的「儒教千年帝國」就是明顯例子。「新」王朝政府體制「仿效」周制，卻引發天下大亂。儘管如此，王莽之後直到宋朝爲止，仍有許多中國人追求像堯舜那樣，把天下讓位給賢者的「禪讓政治」。

中國易姓革命、新王朝取代舊王朝之際，總要表演所謂政權「禮讓」的假戲與儀式。中國人表面上講「禮」，實質上卻靠「力」決定一切，像這樣表裡不一、雙重性格以及「腦袋分裂」的民族性，無非是儒教所造成。

孔子反對創造力，只重視「傳承」，這樣的儒教思想不只影響古代與中世紀中國人，對現代中國教育同樣有絕大的影響力。比如，現代中國教育觀仍只允許「學習」，人民共和國充斥「向雷鋒學習」、「農業學大寨」、「工業學大慶」等學習運動；發表新意見、想法不同的人，都會被攻擊。中國人絕不許「標新立異」。

不只學校教育，日常生活也是這種觀念。與眾不同、款式新的服裝被抨擊為「奇裝異服」，文革前後，中國舉國只有一種服裝款式，稱為「人民服」。

當時，司機的頭髮過長會被交警當場剪短，服裝奇怪也要罰錢，全國高喊「為人民服務」的口號。這同樣證明儒教教育對中國人影響深遠。

中國人不允許新想法與創意行動，乃是儒教尚古主義所造成。附帶一提，早期國民黨獨裁，台灣人穿著稍有個性就會被警察取締，視為「奇裝異服」；髮型和別人不一樣，也是強迫剪短。

世界人沒有任何民族像中國人那樣崇拜尚古主義，而且剛好跟日本人相反。中國最重視學習先人經驗，不在乎個人體驗，以及是否有自己的看法。結果，儘管歷經許多世代與年代，觀念仍維持原始型態，中國人因此成爲「超保守人種」。另外，漢字這種絕對不許變化的文字，也是中國人性格保守的一大原因。

因爲抱持尚古主義、越古老的思想古董越受重視，久而久之，形成特異文化，整個社會完全僵硬，文化思想失去發展彈性。

中國人日常生活深受古代經典制約，《五經》影響力特別明顯。對於中國人而言，人生所有道理都在《五經》之中，《五經》有舉例子的，中國人跟著做，其重要性甚至大過基督徒的《聖經》。

孔子自稱「述而不作，信而好古」，認爲人們「唯一應做的事是學習前人做法」。沒想到這類觀念延續二千年，二十世紀社會主義中國還在舉國「學習馬克斯、列寧」、「學習毛澤東」。

後漢時代，儒教制定「師承」，這是中華文明注定衰亡的最大原因。所謂「師承」就是，國家規定「學生不能超出老師的說法範圍」，否則就是「不道德」甚至「違法」。

對中國人爲害最大的，則是科舉考試，這是任官登龍門的唯一途徑，科舉考試教材侷限在《四書五經》及其「注」、「疏」。科舉考試長達一千三百年，清初學者顧炎武感嘆：「其危害，更甚於始皇帝焚書坑儒哪！」確實，秦始皇活埋儒者不過四六〇人，但受科舉考試，特別是八股文危害的中國書生，卻超過一百萬人！

把古典權威放在絕對最高位置的尙古主義，不只讓中國人喪失對古典的批判精神，合理主義的思考方法也因此窒息。此外，儒家權威的絕對化，使中國人喪失對權威的懷疑與反抗精神，又因爲憧憬古代社會及其政治制度，進一步形成中國人維持現狀的保守主義。

尙古主義和維持現狀主義，本質相同，中國人抱持這兩種觀念與想法，遲遲無法誕生自由思想，變成「唯古是從」的超保守主義民族。

拼命讚美過去、將過去理想化的思維方式，形成墮落與退步、頹廢的觀念，對於現在與未來失去進步想像，只知悲觀地否定未來。中華文明死抱這種尙古主義不放，必然陷入沒落與衰亡的命運。

進入二十世紀，中國取消帝制，改成民國與人民共和國的過程，內戰死傷慘重，卻仍無法建設國民國家與社會主義國家，中共政權只好回收儒教，打造「孔子學院」，舊酒裝新瓶行銷全世界。這種「老店新開」恐怕只是尙古主義復辟，中國人「中華民族偉大復興的夢」，只靠「相信古代才是美好」的儒教精神，終究不可能實現。

【終章】

不要再迷《論語》了

一、迷《論語》的人為何容易專斷獨裁？

想避免「見樹不見林」，就得通觀全局，最簡單的做法是居高臨下鳥瞰局勢。從物理學角度看，站越高視野就越寬廣，亦即「高度決定寬度」。

兵法學所謂「居高臨下、勢如破竹」，不過，「只看森林不看樹木」，也可能喪失個性與細膩。「巨」與「細」都不能偏廢，就像物理學有「宏觀」的宇宙物理學，也有「微觀」的量子物理學。

以人類為對象的「人間學」（社會學、文化學等聚焦人類群體行為模式的學問），同樣不易掌握。《聖經》、佛典乃至於《四書五經》，對日本人而言，都只代表某些「知識」，是否適合當作社會規範，還有商榷餘地。

《論語》有許多格言，「不怨天不尤人，下學上達」、「德不孤必有鄰」等等，《老子》和《莊子》等中國諸子百家也有眾多警語、名言，以此為座右銘是否就可改善人生，走正確的路？就我的觀察，答案剛好相反，這部分，各章內文已多有說明。

就《論語》而言，整本書充斥「儒教聖人」孔子的格言式訓誨。儒教信徒認爲，《論語》可說充滿智慧，極能裨益學問、人生與教養。不可否認，孔子某些人生格言具有參考價值，但語意不明、違反時代精神之處更多。

比如，「仁」與「忠恕」堪稱儒家思想的核心概念，但這兩個字的眞實涵義是什麼？如何加以解釋、詮釋，可單純解釋爲「愛人」、「體貼」嗎？這部分，二千多年來爭論不斷，「公說公有理、婆說婆有理」。

總之，《論語》的思想主張有太多模稜兩可，甚至不知所云，這不免讓我想到英國思想家G．E．穆爾名言，「善惡無法定義，勉強加以定義，就是最大的錯誤」。

二千多年來，《論語》持續影響中國人，特別是宋朝全面實施科舉考試之後，《論語》的思想主張更深入框住知識份子，就連日本人也有許多儒教迷。比如，明治維新時，首任首相伊藤博文的名字，就是來自《論語》「博文約禮」（雍也篇）。崇拜孔子、迷信《論語》等儒教經典，風險很大，容易「見樹不見林」，誤入歧途。

《論語》是儒教教祖孔子的語錄，堪稱「至聖先師」的核心思想與主張，但問題是，《論語》太含糊其辭，所以，早在漢朝就出現各種注釋。即使如此，宋朝朱熹將

《論語》聖典化，列入《四書五經》，成爲科舉考試的重點科目。但這些都無法改變一個事實，那就是《論語》明顯有「見樹不見林」的弊病。

盲目信奉《論語》的觀念主張，容易獨斷、形成偏見。

孔子與同時代的墨子思想論爭激烈。至於二千多年來中國思想的最大競爭則是儒道之爭，但中國其實不只儒與道，還有諸子百家，獨信、偏信《論語》與《四書五經》，可說是非常愚昧。

儒家的核心思想主張是「仁」與「義」，《老子》卻直接喊出「絕仁棄義」。《老子》與《莊子》對此有深入論述，並非偏執。

不必大範圍俯瞰中國思想史與精神史，只要回顧漢代「儒教一尊」之後的歷史，就能清楚了解《論語》做爲「人生格言與訓示書」的價值高不高。這方面，日本江戶學者早有鞭辟入裡的精彩見解，戰後中國學者也讚譽有加。

前述，日本江戶學者精確看出孔教與儒家盲點，連中國學者也不得不同意。但爲何中國很少人批判孔教（儒教），反而至今陶醉在《論語》等儒教經典打造的海市蜃樓中，自鳴得意地以爲自己是「道德國度」、「仁之國」，把《論語》追求的目標視爲「烏托邦」，根本就是「當局者迷」，遠不如江戶日本學者「旁觀者清」。

江戶幕府支持儒教，不只官方舉辦「寺小屋」（開在寺院的私塾），一般百姓也熱衷《論語》，但戰後《論語》乏人問津，儒教迷因此宣稱，社會弊病百出，是因爲日本人不讀《論語》。

到二十世紀初爲止，一千多年來中國文人爲了參加科舉考試，得熟讀、背誦《論語》、《四書五經》，但長期實施儒教的道德教育，反而使中國變成「道德最低」的國度。其因果關係至少可歸納爲以下幾點：

- 孔子率門徒周遊列國，遊說各國國君接受其主張，卻連續被七十二位國君婉拒，未取得任何官職。
- 就連孔子的孫弟子——孟子都感嘆「非楊即墨」。換言之，春秋戰國諸子百家各展其能，從事思想競爭，儒家競爭力與人氣都很差。
- 不只秦始皇焚書坑儒，五代、元朝、十九世紀後半的北方捻軍與南方太平天國，乃至於二十世紀，儒教都遭遇近似毀滅的困境，原因何在？
- 王莽建設儒教千年帝國爲何失敗？「德治」爲何不可行？以及儒教爲何「定於一尊」？受政府保護才能存活？

- 爲何儒教無法抗衡佛教，像佛教那樣跨越困境，成爲許多國家與民族的信仰，建立思想體系？
- 儒教吹捧「仁」、「仁道」等主張，卻蠻橫地壓制不同言論主張，甚至誅殺異族，把這種殘忍野蠻的行徑正當化爲「天誅」（天殺）？陽明學、朱子學與王夫之等「大儒」，滿口仁義道德，實際上卻是種族隔離主義者和種族滅絕殺手（genocide）。

二、日本人的「心」是全球至寶

日本漢學者多半病態，他們對《論語》的迷戀走火入魔、令人困惑。他們宣稱日本人物質生活豐富，內心貧困，比不上因爲《論語》而心靈豐富的中國人。

這種說法令人匪夷所思。首先，《論語》和「心」也就是人的「心靈」、「精神發展」有何關聯？我拼命想了老半天，就是找不到答案，這些迷戀中國、盛讚《論語》的日本人是不是病了？

日本漢學者與支那學學者喜歡虛幻想像、曲解「經典」，美化中國的一切。然而，中國現況又是如何？事實上，儒教社會根本就是階級社會，他們把人群分爲「君子」與「小人」兩種等級。女人和男人也是不同等級，女人在早期中國和家畜差不多。她們被迫遵從「三從四德」，遵行「仁」啦、「義」啦，完全沒有思考與行動的自由。中國人沒有思考自由，人是沒有靈魂的稻草人。社會失去活力，簡直就要窒息，唯一有活力的，只剩下僞善者。

中國人喜歡說「仁」的極致精神是「殺身成仁」，但這和自主思考後的犧牲奉獻無關，差不多等於「自殺」，不具備崇高意義。儒教社會塡鴨教化，人人陽奉陰違、心口不一，沒有人思考「什麼才是最有意義」這類哲學問題，而是本能行動，和稻草人沒兩樣。

佛教進入中國，中國人沒有空的概念，只好理解成「有」或「無」。日本人則用「心」加以理解，因此掌握了「空」的精深意涵。中國精神發展史上，包括《論語》與諸子百家都沒有關於「心」的說法。

儒教在宋朝發展出所謂的「宋學」，模仿印度哲學提出「理」與「氣」乃至於「心即理」等概念，但頂多是理氣之學，無法深化到「心」的層次。《論語》本身是人生格言集，到了宋朝也沒發揮教化作用。因爲中國人眼中只有金錢，充滿物慾的中國社會，沒有任何人在乎並討論什麼是「心」。

據說，《論語》和《三字經》在四世紀傳進日本。何時傳入不重要，重點是日本人心目中，《論語》並非政治理論或政治實務指導書，而是教養參考手冊，而且只流行於宮廷和貴族之間。畢竟，從《三國志・魏志倭人傳》記錄的時代到遣隋史爲止，就是相當於中國六朝期間，日本民眾熱衷的是佛教信仰。

進入唐代，佛教和新興中國土俗宗教道教競逐信仰的主流地位。從三國時代到五胡十六國、南北朝爲止，約四百年期間，外族入侵、劃地爲王，《論語》更是被丟在一旁。

儒教弱點之一是，無教師就沒辦法解說、傳播，從六朝到唐代、五代十國，也就是紀元三到十世紀，歐亞大陸東半部的國家幾乎都信奉佛教；儒教則到宋朝奉儒學爲官學爲止，持續吃癟受挫。即便宋代科舉全盛期，儒學教材也僅止於官學，一般民眾並不閱讀。

日本鎌倉時代佛教就已普遍化，產生很有民族色彩的「日本佛教」，社會大眾熱衷《般若心經》等佛經，而不是《論語》。較多日本人讀《論語》其實是江戶時代，中國人恐怕會感到意外的是，當時日本不只官員、書生，就連民眾也熱愛閱讀《論語》。

話說回來，《論語》原本是「政論」，從教祖孔子的時代到科舉考試廢除爲止，一直都是「政論」，所謂「半部論語治天下」完全反映這種性格，反而只有日本人把這本書當作「教養」與「修身」範本。

《四書五經》之一的《論語》雖是儒教精華，但也有很多弱點，最嚴重的是「古代比較好」的尚古主義性格。《論語》主張多源自《春秋》，《春秋》則根據《書經》。一本比一本古老，一本比一本難懂，因此需要大量注疏。問題是哪一種注疏才正確，卻是爭議不休。

改革開放後，《論語》解禁，人氣恢復，中國政府在全球推出「孔子學院」，宣稱邁入儒教文明第三次繁榮期。但事實上，儒教和馬克斯、毛澤東主義的政治主張，幾乎沒兩樣。

儒教主義和社會主義的政治理論爲何如此相似？簡單講就是，兩者都是「世界主義」（cosmopolitan）。而且非常世俗化、抱持反商主義，認爲烏托邦不在天上而在地上。儒教的「君子」根本就是馬克斯主義所謂的「前衛」。正因如此，中國這個歐亞大陸最東端的儒教文明，才率先完成社會主義革命。

第二次世界大戰後一段時間，日本社會主義政黨與左翼文化人號召「革命」，成立了「日本人民民主主義共和國」，但毛澤東看好的社會主義「第三（日本）革命」終究沒有成功，根本原因在於，日本是佛教國家。

因爲國情不同，即使朱子學在江戶時代成爲幕府官學，但儒教並未在日本生根茁壯。日本文化非常多元，除了根本的神道，也有佛教以及「國學」、「蘭學」。日本不像中國那樣「獨尊」儒術，自古以來各種文化在此共生，只能「獨尊儒術」的朱子學，因此難以生根發展。

江戶時代的國學者眼光銳利，比朱子學者、漢學者更能掌握整體局勢，從森羅萬象之中找出重點。「和魂和心」層次遠高於「漢意唐心」。日本人沒有必要像中國人那樣拼命喊「勸善懲惡」，因爲日本人千百年來一直都擁有「清明之心」。

不可否認，戰後日本人道德水準降低不少，出現社會劣化現象，但這和日本人不讀《論語》無關。「神代」形成的日本文化本質，正是超越善惡的思考習慣、價值觀與傳統文化，這些都具有最高的普世價值，想更深入了解這方面論述，請參閱拙著《日本道德力》。

日本社會道德之所以劣化，是因爲戰後放棄、鄙視日本傳統文化與價值觀，視「大和精神」爲「民主主義之敵」，糟蹋了自古以來的國風與國魂所致。

我幼時在台灣受教育，被迫背誦《論語》，滿口仁義道德，但當時台灣的實際狀況是，人們普遍失去正義感與良心，充斥僞善者。

《論語》眞的沒有閱讀的價值與必要，拿來「讀經」甚至背誦，更是百害而無一利，中國數千年歷史已證明這點。老莊主張「絕仁棄義，世界才會向上變好」絕非逆說、悖論（paradox），而是眞知灼見。同理，我認爲日本人應恢復自古以來的文化特色與民族思維，不可再受《論語》與儒教文化污染。

國家圖書館出版品預行編目資料

論語反論 / 黃文雄原著；蕭志強漢譯. -- 初版. --
臺北市：前衛, 2016.10
面；　公分

ISBN 978-957-801-808-2（平裝）

1. 論語　2. 研究考訂

121.227　　105016361

論語反論

原　　著　黃文雄（Ko Bunyu）
漢　　譯　蕭志強
責任編輯　張葆源
美術編輯　宸遠彩藝
出 版 者　台灣本鋪：前衛出版社
10468 台北市中山區農安街153號4F之3
Tel：02-2586-5708　Fax：02-2586-3758
郵撥帳號：05625551
e-mail：a4791@ms15.hinet.net
http://www.avanguard.com.tw
日本本鋪：黃文雄事務所
e-mail：humiozimu@hotmail.com
〒160-0008 日本東京都新宿區三榮町9番地
Tel：03-3356-4717　Fax：03-3355-4186
出版總監　林文欽　黃文雄
法律顧問　南國春秋法律事務所
總 經 銷　紅螞蟻圖書有限公司
台北市內湖區舊宗路二段121巷19號
Tel：02-2795-3656　Fax：02-2795-4100
出版日期　2016年10月初版一刷

定　　價　新台幣300元

Printed in Taiwan　ISBN 978-957-801-808-2